TEXTES LITTERAIRES

Collection dirigée par Keith Cameron

XCVIII

HISTOIRE D'ELEONORE DE PARME

Portrait de femme

Gravure anglaise anonyme

1810

HISTOIRE D'ELEONORE DE PARME

Texte établi et présenté par

Richard Bolster

UNIVERSITY
of
EXETER
PRESS

Je tiens à remercier Danielle Hinett, Olivia Lafont et Allison Anderson pour l'aide qu'elles m'ont apportée pendant la préparation de cette édition de l'*Histoire d'Eléonore de Parme*.

R.B.

First published in 1997 by
University of Exeter Press
Reed Hall
Streatham Drive
Exeter EX4 4QR
UK

British Library Cataloguing in
Publication Data
A catalogue record for this book is available
from the British Library

ISSN 0309-6998
ISBN 0 85989 536 X

Typeset by Sabine Orchard
Printed in the UK
by Antony Rowe Ltd, Chippenham

à Bernard Gerlaud

INTRODUCTION

L'influence du roman anglais en France
sous le Consulat et l'Empire

Le journal intime du jeune Stendhal nous informe qu'en mars 1810, il lut une histoire intitulée *Les Frères anglais* qui l'émut jusqu'aux larmes[1]. Le roman anonyme qui lui causa tant d'émotion venait d'être publié dans la *Bibliothèque britannique*, prestigieux périodique qui était l'une des voies principales pour la pénétration en France de la littérature anglaise. La lecture du roman *Les Frères anglais* incita Stendhal à écrire quelques lignes sur les différentes manières de sentir le bonheur. A l'en croire, c'était un art que beaucoup de membres de la classe privilégiée en France avaient perdu, tandis que les Anglais le possédaient encore: 'Ce matin, parfaitement seul, j'ai été occupé et heureux jusqu'à une heure et demie que j'écris ceci. Ma situation, exempte de toute passion, était cependant telle que la société d'aucun être quelconque aurait pu difficilement ajouter *to my happiness*. Je jouissais de mes sentiments et de mes pensées, à l'anglaise.' Spéculation sur le caractère des nations, rêverie solitaire, influence de la littérature sur les émotions, sensibilité 'anglaise', enthousiasme pour la littérature étrangère: la réflexion de Stendhal est un phénomène significatif dans cette époque de renouveau et de cosmopolitisme. La littérature française, fortement ébranlée par le choc culturel et économique de la Révolution, avait été lente à se remettre, et la France avait subi une sorte d'invasion par la littérature romanesque anglaise. Profitant de la baisse de la production littéraire en France entre 1790 et 1800 et de la curiosité d'un public devenu plus nombreux, le roman anglais s'était imposé par sa quantité et par sa nouveauté[2]. Son succès

---

1   Stendhal, *Œuvres intimes*, édition établie par V. del Litto, Paris: Gallimard, 1981, I, p. 554 (Journal).
2   C'est entre 1800 et 1810 seulement que s'établit une nouvelle génération de romanciers français: Nodier, Pigault-Lebrun, Ducray-Dumenil, Mme Cottin, Mme de Genlis, Mme de Krüdener, Mme de Souza, Mme Gay et Mme de Staël. *Le Dictionnaire des romans anciens et modernes*, publié à Paris en 1819 par le libraire A. Marc, nous renseigne, malgré quelques erreurs, sur la diffusion des romans en France au début du dix-neuvième siècle. Le groupe le plus nombreux était celui des romans traduits de l'anglais. Un livre pouvait reparaître dans plusieurs catégories, explique A. Marc: 'La raison en est toute simple; c'est que dans le même ouvrage on y trouve toutes ces variations: il est historique, sentimental; il y a des batailles, des amours, etc, etc.; et un bon roman contente bien des goûts' (p.viii). Le libraire constate une baisse de popularité pour le genre épistolaire, qui ne convient qu'à une élite: 'prenez garde aux ouvrages par lettres; ils ne plaisent pas à tout le monde'.

s'explique d'ailleurs: le roman terrifiant fascinait les lecteurs par ses situations dramatiques et ses émotions fortes; le roman anglais de la vie intime en revanche était un genre réaliste et qui provoque la réflexion; ses personnages faisaient souvent des voyages en Europe et les auteurs donnaient un portrait du caractère des nations; le genre intime pouvait également charmer ses lecteurs par son côté touchant et mélancolique[3]. La qualité de cette littérature romanesque rend donc compréhensible l'intérêt qu'elle suscitait en France, par exemple celui de Stendhal à la lecture des *Frères anglais.*

La production littéraire ne naît pas dans le vide, et il est évident que les oeuvres nouvelles sont généralement marquées par la tradition. Il est en effet impossible de tout expliquer par le génie des auteurs ou par la qualité de leur regard sur le réel. Chaque génération d'écrivains est conditionnée par celle qui la précède, même lorsque cette influence est partiellement négative; les romans de Stendhal s'inscrivent aussi dans une certaine continuité. On constate par exemple qu'il n'abandonne pas le discours moral présent dans le roman sentimental mais qu'il l'adapte sous une forme parodique. Ses héroïnes sont idéalisées comme celles des romancières de l'Empire, même si elles se démarquent par leur comportement souvent rebelle. Les oeuvres romanesques de Stendhal ne sont pas autonomes. Elles sont semblables à des édifices construits sur des fondements anciens, et le talent de cet architecte un peu nonchalant ne résidait pas dans le premier stade de l'invention mais plutôt dans l'improvisation intelligente sur un thème donné. Partout dans son oeuvre on observe des emprunts de sujets, et l'on sait que l'intrigue de son premier roman *Armance* (1827), ressemble fort à celle d'*Olivier* de Mme de Duras[4], auteur admiré par Stendhal comme par toute l'élite littéraire de son temps. *Le Rouge et le noir* fut inspiré par une source textuelle: le récit assez romanesque de la vie d'Antoine Berthet, document qui fut largement diffusé par la presse contemporaine lors de son procès[5]. L'idée initiale de *Lucien Leuwen* vint de la lecture d'un roman inédit de l'amie de Stendhal, Mme Gaultier[6]. De

---

3   *La Décade* (tome 17, pp. 470-76, 20 prairial, an VI) louait *Marie de Saint-Clair*, roman de 'la citoyenne Ducos', parce que 'le langage de l'amour y est simple et touchant', et possède 'cette douce et dangereuse mélancolie qui plaît'.

4   Le roman d'*Olivier* explorait le thème de l'impuissance sexuelle, et resta inédit à cause du sujet. Mme de Duras publia ensuite les romans *Ourika* et *Edouard*, où il est également question des obstacles qui s'opposent à l'amour. Voir: *Ourika*, édition de Roger Little, Exeter: University of Exeter Press, 1993; *Edouard*, édition de Claudine Herrmann, Paris: Mercure de France, 1983; *Olivier*, édition de Denise Virieux, Paris: Corti, 1971. Richard Bolster, 'Stendhal, Mme de Duras et la tradition sentimentale', *Studi Francesi*, vol. 36, n° 108, 1992, p. 513-520.

5   Articles dans le journal *La Gazette des tribunaux*, 28-31 décembre 1827. Pour le texte de ces documents voir: Stendhal, *Le Rouge et le noir*, édition de P.-G. Castex, Paris: Bordas, 1989, p. 651-65. Voir également: René Fonvieille, *Le Véritable Julien Sorel*, Paris: Artaud, 1971.

6   Stendhal lui donna les conseils suivants dans une lettre écrite le 4 mai 1834: 'J'ai lu le *Lieutenant*, chère et aimable amie. Il faudra le recopier en entier et vous figurer que vous traduisez un livre allemand. Le langage, suivant moi, est horriblement noble et emphatique; je l'ai cruellement barbouillé. Il ne faut

même, la vie de Fabrice dans *La Chartreuse de Parme* montre une parenté certaine avec celle d'Alexandre Farnèse[7], personnage historique dont la belle carrière ecclésiastique fut marquée par des amours clandestines et par des aventures assez romanesques. Partout donc dans les oeuvres d'imagination de Stendhal se retrouvent des traces de récits antérieurs, modèles littéraires qui ne montrent pas tant son incompétence dans le domaine de l'imagination que son talent dans celui de l'adaptation, sa finesse psychologique et l'intérêt des thèmes qu'il traite. On peut utiliser une de ses métaphores pour décrire le processus créateur chez Stendhal: les sources littéraires qu'il utilise sont des pilotis sur lesquels il élève l'édifice de ses romans. Mais le pilotis stendhalien était plus qu'une inspiration vague, car cette structure cachée pouvait être fondamentale au plein sens du terme, et rester invisible tout en ayant une influence profonde sur la forme de l'oeuvre achevée.

Un mystère entoure toutefois les personnages de Clélia et de Sandrino dans *La Chartreuse de Parme*. Tandis que nous savons que le personnage d'Alexandre Farnèse a joué un rôle important dans la création de celui de Fabrice, deux affirmations de Stendhal au sujet de Sandrino ont causé une grande perplexité. 'J'ai fait *La Chartreuse* ayant en vue la mort de Sandrino, fait qui m'avait vivement touché dans la nature', déclare-t-il dans une lettre écrite à Balzac en 1840[8], et qui était une réponse à l'article élogieux dans lequel ce dernier exprime l'opinion que son confrère venait de produire le plus grand roman de l'époque. Et une note écrite par Stendhal le 25 mai 1840[9] confirme de façon très explicite le rôle véritablement générateur dans la conception de son oeuvre qu'il accordait à la disparition de l'enfant de Fabrice et de Clélia dans l'épisode final. On constate pourtant que l'incident de la mort de Sandrino ne ressemble pas à un événement observé dans la vie réelle, contrairement à ce que Stendhal affirmait à Balzac. L'épisode est plutôt conforme à la tradition romanesque des situations étranges et dramatiques. Sandrino naît de la liaison entre Clélia et Fabrice, qui ne se rencontrent que la nuit et dans l'obscurité à cause du sentiment de culpabilité de Clélia et d'un voeu qu'elle a fait à la Madone. La situation devient encore plus romanesque lorsque Fabrice décide l'enlèvement de son fils. Pourquoi ce rôle primordial donné par le romancier à la disparition de Sandrino, qui arrive comme une punition

---

pas avoir de paresse; car, enfin, vous n'écrivez que pour écrire: c'est pour vous un amusement. Donc, mettre tout en dialogue, toute la fin du deuxième cahier: Versailles, Hélène, Sophie, les comédies de société. Tout cela est lourd en récit. Le dénouement est plat'. Stendhal, *Correspondance*, II, p.643. Le roman de Mme Gaulthier ne fut jamais publié.

7 'Origines des grandeurs de la famille Farnèse', récit inclus dans l'édition de *La Chartreuse de Parme* établie par Henri Martineau (Paris: Garnier, 1961). Ce document sur la vie d'Alexandre se trouve également dans l'édition de Béatrice Didier (Paris: Gallimard, 1972, Collection Folio).

8 Stendhal, *Correspondance*, préface par V. del Litto, III , p. 396.

9 Stendhal, *Romans et nouvelles*, Gallimard, 1961, II, p. 869. Note dans les brouillons de Lamiel.

infligée à ses parents? Ce dénouement tragique, si proche des leçons de morale traditionnelles dans une certaine littérature romanesque, arrive de façon abrupte et introduit une tonalité sombre qui surprend le lecteur. Quel fut le fait réel allégué par Stendhal, l'événement observé 'dans la nature', qui toucha si vivement l'auteur qu'il fut, selon lui, la raison unique qui lui fit entreprendre son roman?

Les explications les plus intéressantes à ce sujet ont sans doute été inspirées par la psychologie plûtot que par les recherches historiques faites sur les individus connus par Stendhal. Que doit-on donc penser du caractère spécifique de l'explication que Stendhal donna à Balzac? Avait-il eu un modèle réel pour le personnage de Sandrino, et implicitement pour l'héroïne? On ne peut pas écarter la possibilité qu'il s'agisse d'une fausse piste, car on connaît le penchant de Stendhal pour les mystifications, et pourtant sa lettre à Balzac semble montrer l'intention de donner à cet auteur admiré une véritable élucidation de sa manière personnelle d'écrire un roman. La déclaration peut paraître surprenante, mais elle est claire: la mort de Sandrino était la seule raison pour laquelle il avait entrepris un roman dont il ne prévoyait ni les dimensions futures ni les difficultés. Et cette mort joue un rôle décisif dans le dénouement de *La Chartreuse de Parme*, car c'est le décès de leur fils qui crée l'obstacle final entre Fabrice et Clélia. Sans la mort de Clélia, Fabrice ne finirait pas dans la chartreuse annoncée dans le titre même du roman et qui reste énigmatique jusqu'à la disparition de Sandrino. Puisque Sandrino est un personnage mineur dont l'importance réside surtout dans les conséquences de sa mort pour les protagonistes, peut-être est-ce du côté de Clélia qu'il faut regarder si l'on veut considérer cette utilisation du vieux thème de la punition d'une mère par la mort de son enfant. Et dans la vieille chronique italienne qui raconte la vie d'Alexandre Farnèse et de Cléria, dont le nom est à une lettre près celui de l'héroïne de Stendhal, l'élément pathétique de la mère frappée par la mort de son fils est complètement absent. En effet, cette chronique résume la vie amoureuse du couple historique de façon fort peu sentimentale: 'Il prit son plaisir pendant de nombreuses années avec une noble dame du nom de Cléria; ce fut comme si elle était sa femme et elle lui donna deux enfants l'un Pierre-Louis, l'autre Constance qu'il maria richement'[10]. L'héroïne mélancolique du roman de Stendhal est donc très différente de la maîtresse d'Alexandre, et l'on note surtout que sa vie sentimentale n'a pas le même dénouement heureux et banal, et qu'elle exprime en revanche une sensibilité moderne et romantique. Mais la vie de Clélia Conti ressemble curieusement à celle de l'héroïne italienne d'une histoire d'amour dans le roman anglais que Stendhal avait lu avec tant

---

10 'Origines des grandeurs de la famille Farnèse', texte établi par H. Martineau, p. 482. Voir la note 7, supra.

d'émotion en mars 1810. Il s'agit de l'histoire d'Eléonore de Parme, qui constitue l'épisode le plus dramatique du roman *Les Frères anglais*. C'est pour cette raison que nous avons décidé de donner cette édition d'un texte dont l'utilité est évidente pour tous ceux qui s'intéressent à la structure thématique et narrative de l'oeuvre de Stendhal et à l'évolution du genre romanesque en Angleterre et en France au début du dix-neuvième siècle. La diffusion du roman *Les Frères anglais* en France est un exemple de l'échange culturel qui continuait entre les deux pays malgré les guerres de l'époque. Cette oeuvre est le type d'une littérature qui représente l'Italie comme le pays de la passion, des mariages forcés, des princes absolus, de l'assassinat, et des couvents sombres où se terminent des destinées tragiques.

La *Bibliothèque britannique*[11], périodique dans lequel Stendhal lut le roman *Les Frères anglais*, se spécialisait dans la diffusion de la littérature anglaise. Le recueil fut lancé à Genève en 1796 par Marc Pictet et réussit l'exploit de durer jusqu'en 1815 malgré l'annexion de la petite république en 1798, la censure répressive à partir de 1800, et la guerre presque continue entre la France et l'Angleterre. Un prospectus de 1796[12] expliquait l'intention du périodique genevois: la Révolution avait été un désastre causé par l'application de théories dangereuses; il était temps de revenir à l'étude des faits et de regarder l'exemple du pays le plus stable d'Europe, où les lois et les opinions étaient respectées, où les sciences et l'agriculture florissaient, tandis que l'erreur, l'ignorance, et 'la haine nationale' régnaient en France. Les rédacteurs croyaient que leur entreprise avait des chances de réussite grâce à la situation de Genève: à sa neutralité, à sa tradition littéraire, et aux relations que ses citoyens avaient souvent eues avec l'Angleterre et l'Ecosse. Le programme de Pictet et de ses collaborateurs était de faire connaître dans l'Europe francophone les meilleures productions britanniques de toutes les espèces: ouvrages d'histoire, de philosophie, récits de voyages, théories économiques, projets de réforme sociale. La littérature romanesque trouvait aussi sa place; considérée comme un délassement, elle devait toutefois exprimer une

---

11 *Bibliothèque britannique ou recueil extrait des ouvrages anglais périodiques et autres*. Les rédacteurs sont conscients du fait que leur recueil continue dans une voie déjà tracée par d'autres: la *Bibliothèque anglaise, ou histoire littéraire de la Grande-Bretagne* (1717-27) publiée à La Haye par Michel de La Roche, *Le Pour et le Contre* de Prévost (1733-39) et une première *Bibliothèque britannique* (1733-47), publiée à La Haye par P. Demaiseaux. *Le Journal britannique* (1750-56) prit la relève et fut remplacée par la *Nouvelle bibliothèque anglaise* de Joncourt en 1757. Le recueil genevois joua un rôle important auquel Stendhal rendra hommage dans ses *Mémoires d'un touriste*: 'Vers 1804, quelques Genevois faisaient un journal, la *Bibliothèque britannique*, que l'on pouvait lire avec plaisir lorsqu'on était excédé du verbiage brillant et sans idée du journalisme français. Ce journal n'était décidément ennuyeux que quand il parlait morale: il voulait que tout le monde fût heureux à la genevoise' (Stendhal, *Oeuvres complètes*, Paris: Cercle du Bibliophile, tome 16, p. 296). Pictet retourna à Genève en 1815 et fonda un nouveau périodique: la *Bibliothèque universelle*.

12 *Bibliothèque britannique*, tome 1, p. 6.

morale saine. La stratégie du périodique était de publier de longs extraits, traduits librement en français par Pictet, qui leur donna parfois une concision qu'ils ne possédaient pas sous leur forme primitive. Le succès fut rapide et le prestige durable[13], et l'importance du rôle joué par le recueil dans la diffusion des romans se mesure au fait qu'entre 1796 et 1815 il fit connaître successivement aux lecteurs français les oeuvres de Mme Radcliffe, de Miss Burney, de Godwin, de Miss Opie, de Holcroft, de Scott et de Jane Austen. Il publia également les oeuvres de beaucoup d'auteurs mineurs qui seront condamnés à l'oubli après avoir joui d'un certain succès. La politique de Pictet était de choisir uniquement des oeuvres inédites en France, et parfois la publicité donnée par son périodique incita un éditeur parisien à entreprendre une édition complète des romans qui avaient profité de cette vitrine, comme ce serait le cas pour *Les Frères anglais*[14].

Une partie de l'intérêt de la *Bibliothèque britannique* réside dans son évaluation des romans traduits, et son attitude est assez favorable à un genre traditionnellement considéré comme frivole et dépourvu de qualité littéraire. Les commentaires du rédacteur constituent même une sorte de théorie du roman, visible par exemple dans son appréciation de *Camilla*, oeuvre de Miss Burney, dont il publie des extraits en 1797. Il met en évidence la tendance explicitement morale de l'auteur, parle[15] de 'l'admirable vérité' de sa peinture des moeurs anglaises, et lui accorde le droit à une certaine autonomie dans la création: 'Ses personnages sont, en général, conçus avec tant de force, et soutenus avec tant d'art, qu'ils donnent un plaisir indépendant de l'analogie avec nos propres observations. Elle leur donne cette juste mesure d'exagération qu'il faut à l'effet théâtral. Leur jeu est soutenu avec un art non moins étonnant: les dialogues sont vifs, animés, chaque interlocuteur parle son langage, et chaque conversation est, en quelque sorte, une scène dramatique.' Dans cette appréciation originale, qui affirme de façon intéressante et moderne les droits de l'imagination, le rédacteur souligne la parenté possible entre genres dramatique et romanesque, et note également les imperfections du roman de Miss Burney: 'Il y a quelques invraisemblances, trop de complication, et une trop grande multiplicité de personnages marquants dans cet ouvrage. On y compte huit intrigues distinctes, deux enlèvements, et six mariages. Sous ce rapport, les cinq volumes suffisent à peine.'

---

13 En janvier 1814 le *Mercure de France* déclarera: 'Cette ancienne et estimable feuille périodique fait véritablement connaître les ouvrages qu'elle analyse: rien de ce qu'ils contiennent d'intéressant n'y est omis (...). Quelle différence de cette manière avec la plupart de nos journalistes français!' Tome 58, p. 78.
14 En 1815 parut une édition nouvelle et autonome qui est mentionnée dans le *Journal général de la littérature de France* (Paris: Nicolle, p. 255): '*Les Frères anglais,* roman traduit de l'anglais par Madame Elisabeth de B***, traducteur du roman du *Lac*'. Il s'agit certainement d'Elisabeth de Bon, mais l'identité de l'auteur reste mystérieuse.
15 *Bibliothèque britannique*, tome 4, 1797, p. 28.

Longueurs, complications, héros fades aussi: c'est le reproche que la critique sérieuse fera souvent aux romancières anglaises mais qui n'empêchera pas leur grand succès. Le recueil de Pictet y contribua de façon réelle, et ce fut lui qui donna, en 1796, la première version française des *Mystères d'Udolphe*. Pictet revint à la charge en 1797 avec *L'Italien*, et proposa une explication historique du succès de la littérature terrifiante. Selon sa théorie, le roman amusant et le roman tendre avaient été momentanément éclipsés par une nouvelle espèce littéraire, que Pictet appelle le roman d'imagination: 'Pour amuser ou pour attendrir il faut un autre genre de talent, et parler à la raison n'est pas de mode. On demande des couleurs voyantes et des formes prononcées: il faut aujourd'hui travailler à la Rembrandt pour être regardé. Le tact du ridicule est moins subtil, les nuances du sentiment sont confondues, les vices de société marquent peu, les grands maux ont usé la pitié, les crimes réels ont effacé les crimes de la fiction: que nous reste-t-il pour ce genre d'ouvrages? le simple et le terrible; les beautés descriptives, et les mystères sombres. Il faut tenir l'imagination sous le charme, attaquer le sentiment par elle, captiver l'intérêt par la curiosité, et mettre le lecteur à la torture pour le fixer'[16]. Et Pictet, un peu trop vite, prédit la lassitude imminente des lecteurs devant la répétition des mêmes châteaux sinistres, avec leurs portes secrètes et leurs voûtes souterraines. Le talent de Mme Radcliffe pour les descriptions n'a pas son approbation entière, car il l'accuse d'abuser de cette nouveauté. Il s'élève également contre son portrait du caractère italien, affirmant que l'Italie, représentée par la romancière comme le pays des moines cruels, de la superstition et de l'assassinat, avait été la patrie des arts à une époque où l'Angleterre était un pays pauvre et peu civilisé. L'Italie moderne est diminuée, reconnaît Pictet, tandis que l'Angleterre inonde toute l'Europe de ses productions industrielles et littéraires: bons ou mauvais, les romans anglais sont traduits avec empressement et exercent une influence culturelle sans précédent. Il souligne également[17] le rôle primordial joué par les femmes dans la nouvelle production romanesque: 'La manie des romans est telle aujourd'hui, en Angleterre, que les libraires sont presque sûrs de faire une bonne affaire en commandant un roman à une femme qui écrit avec rapidité. Plus il y a de volumes rédigés dans un temps donné, plus la spéculation est bonne pour l'écrivain, qui reçoit tant de guinées par volume.' Pictet, qui admirait pourtant les meilleures romancières anglaises, Maria Edgeworth surtout, annonce déjà l'arrivée d'une époque nouvelle dominée par une abondante littérature marchande de qualité variable. Il comprend que cette production, par son volume et sa facilité, est la seule qui puisse satisfaire les désirs d'un public en

---

16 ibid., tome 4, p. 132.
17 ibid., p. 133.

expansion. Et ce public, où les femmes sont nombreuses, est friand d'une littérature romanesque qui est souvent féminine[18].

L'invasion de la France par la littérature anglaise au moment où la France envisage une descente militaire en Angleterre est un fait historique assez curieux. En 1798 *La Décade*[19] parle d'une véritable 'anglomanie romancière' et se sent obligée de rappeler à ses lecteurs qu'il existait aussi de mauvais romans en anglais, par exemple *Le Château d'Otrante* de Walpole, qui venait de connaître une nouvelle traduction française. Le périodique reconnaît que le roman anglais possède ses grands enchanteurs, parmi lesquels il nomme Richardson, Fielding, Goldsmith et Miss Burney, et déclare que le recours au surnaturel, observé dans les oeuvres de Walpole, de Mme Radcliffe et de Lewis, est une aberration passagère. Car le roman anglais est à ses yeux une sorte de genre à l'intérieur du genre, une forme littéraire avec ses propres caractéristiques: 'Les Anglais, presque toujours médiocres et mauvais même, quand ils mettent la scène de leurs romans ailleurs que chez eux, sont aussi presque toujours admirables, quand ils représentent ce qui se passe sous leurs yeux, ce qui existe en effet, la nature et la société, et plus exactement leur nature et leur société. Ils sont paysagistes excellents; peintres de portraits parfaits: qu'ils ne sortent pas de ce genre, que ce soit celui qu'on reproduise parmi nous, et nous ne nous plaindrons ni de la fertilité du sol original, ni de l'empressement d'en transplanter les productions sur le nôtre.' Et dans son numéro du 26 juin 1798, *La Décade* annonce ce qu'elle appelle une bonne nouvelle pour les amateurs: la traduction d'un livre qui non seulement comporte sept volumes, mais qui prouve également que le genre sombre n'a pas tué la bonne tradition romanesque. Il s'agit de *Rosa, ou la Fille mendiante et ses bienfaiteurs*, roman de Mme Bennett traduit par Louise Brayer-Saint-Léon. Cette oeuvre doublement féminine incite le critique à proposer une évaluation générale du roman anglais[20]: 'Qu'est-ce donc qui constitue dans ce genre de composition la véritable, la bonne manière anglaise? C'est une grande variété de tons, de choses, de circonstances, d'incidents, de caractères: c'est une association, très heureuse quand le goût y préside, du pathétique et du plaisant; des tableaux de la nature et de la société, du genre descriptif et du genre dramatique: c'est une attention très-marquée, un soin, minutieux souvent, scrupuleux même, de représenter la vérité physique et morale(...). En la comparant à ce qu'on peut appeler la manière française, on trouvera que celle-ci est beaucoup plus simple, qu'on y prend moins d'espace et qu'on s'y donne moins d'étendue. Toutes les affections de l'âme ont eu leurs historiens et leurs peintres parmi nous; mais nous les réunissons moins dans une même composition, et nous en

---

18 Voir le *Dictionnaire des romans*, note 2, supra.
19 *La Décade*, tome 17, p. 293 (20 floréal, an VI).
20 *La Décade*, tome 17, p. 409 (10 messidor, an VI).

remuons à la fois un plus petit nombre. Nous les subordonnons davantage à l'amour, auquel, dans notre manière, tout se rapporte, qui absorbe tout. Sans être exclu de la manière anglaise, l'amour y joue un moins grand rôle, et assez souvent, comme dans *Rosa*, il n'y est qu'un accessoire. Il y a plus d'esprit dans la nôtre, plus de traits; dans la leur plus de sentiments. Dans leurs cadres plus vastes toutes les idées jusqu'aux idées religieuses, viennent se placer; il y a beaucoup de romans anglais qui sont presque des livres de dévotion'.

Le critique formule une théorie du roman selon laquelle il existe des lois qui sont naturelles au genre, et que Mme Bennett enfreint en introduisant ses personnages importants de façon successive, méthode narrative qui nécessite une nouvelle exposition dans chaque épisode. Car la plupart des règles de l'art dramatique s'appliquent au roman, explique le rédacteur de *La Décade*, et le romancier qui tend vers 'la perfection formelle' doit présenter au lecteur les principaux personnages dès les premiers chapitres. Et il déclare que le seul roman récent qui soutienne la réputation la littérature française est *Adèle de Sénanges*, publié à Londres par Mme de Souza en 1794 pendant son exil, et marqué par l'influence anglaise[21]. Il décrit ce roman comme un modèle de grâce et de sensibilité, et comme une illustration du fait que la simplicité des moyens demeure la plus grande qualité littéraire. Il loue également les talents de Mme Bennett, et commente favorablement le rôle joué par les femmes dans le nouveau genre de roman importé d'Angleterre. Pour le rédacteur de *La Décade*, comme pour celui de la *Bibliothèque britannique*, le succès du roman intime anglais, que l'on n'appelait pas encore sentimental, s'explique par sa qualité et par le fait qu'il se distingue du roman français.

C'est en 1800, dans ce climat fortement marqué par 'l'anglomanie romancière' que paraît *De la Littérature*, ouvrage qui possède une importance historique évidente, et dans lequel Mme de Staël confirme les observations des chroniqueurs que nous venons de citer. Dans la littérature anglaise, elle trouve une 'noble mélancolie'[22] qui plonge le lecteur dans la méditation, et qui forme un contraste avec la gaieté qu'elle considère comme le trait marquant de l'esprit français avant la Révolution. Le roman, d'après Mme de Staël, est le genre où l'Angleterre se distingue[23], et dans une hypothèse originale elle explique cette supériorité dans la littérature romanesque par la situation des femmes anglaises: plus que celles des autres nations, elles jouissent d'un certain bonheur domestique, et ces

---

21 En 1794 ce roman parut à Londres, où son auteur vivait en exil. Pendant longtemps on considérait Mme de Souza comme l'égale de Mme de Lafayette, et ses *Oeuvres complètes* en six volumes furent publiées par l'éditeur Eymery à Paris en 1821-22. On y trouve: *Charles et Marie, Eugénie et Mathilde, Eugène de Rothelin, La Comtesse de Fargy, Emilie et Alphonse, Mademoiselle de Tournon*.
22 Madame de Staël, *De la Littérature*, édition établie par Gérard Gengembre et Jean Goldzink, Paris: Flammarion, 1991 p. 238.
23 ibid., p. 244.

moeurs aimables influent sur la littérature nationale car les bons romans sont un reflet fidèle de la vie privée. Mme de Staël reconnaît que l'Angleterre possède une civilisation moins brillante que celle de la bonne société française avant le bouleversement récent, mais elle trace un portrait idéalisé de la nation voisine:

> L'Angleterre est le pays du monde où les femmes sont le plus véritablement aimées. Il s'en faut bien qu'elles y trouvent les agréments que la société de France promettait autrefois. Mais ce n'est pas avec le tableau des jouissances d'amour-propre qu'on fait un roman intéressant, quoique l'histoire de la vie prouve souvent qu'on peut se contenter de ces vaines jouissances. Les moeurs anglaises fournissent à l'invention romanesque une foule de nuances délicates et de situations touchantes.

Comparé à ce domaine privilégié, le roman libertin français cultive une terre aride, proclame Mme de Staël: la facilité du genre léger et érotique semble lui promettre une grande carrière, mais les petites passions et les séductions rapides ôtent tout leur charme aux romans.

C'est pour cette raison que Mme de Staël conclut à la décadence et à la disparition rapide du roman libertin français, lui acccordant à peine quelques succès dans le milieu social qui lui avait servi de modèle. La littérature romanesque anglaise possède en revanche une qualité durable, malgré quelques défauts:

> Il y a des longueurs dans les romans des Anglais, comme dans tous leurs écrits; mais ces romans sont faits pour être lus par les hommes qui ont adopté le genre de vie qui y est peint, à la campagne, en famille, au milieu du loisir des occupations régulières et des affections domestiques. Si les Français supportent les détails inutiles qui sont accumulés dans ces écrits, c'est par la curiosité qu'inspirent des moeurs étrangères.

Elle affirme que le meilleur représentant de cette littérature est Richardson, suivi par un nombre considérable d'émules et parmi eux beaucoup de femmes. Mme de Staël déclare enfin que le roman anglais, avec son intérêt 'inexprimable', ses thèmes nouveaux et inépuisables, sa découverte des classes moyennes, ses idées sérieuses et sa satire sociale, s'est imposé comme un véritable modèle pour les meilleurs romanciers français tandis que *La Nouvelle Héloïse* ne peut remplir ce rôle, car les moeurs de la nation n'y sont pas décrites de façon fidèle[24]. Et Mme de Staël exprime sa

---

24 ibid., p. 245.

conviction que tous les bons romans français de l'époque ont imité la manière des auteurs anglais:

> Ce sont eux qui ont osé croire les premiers qu'il suffisait du tableau des affections privées, pour intéresser le coeur et l'esprit de l'homme; que ni l'illustration des personnages, ni l'importance des intérêts, ni le merveilleux des événements n'étaient nécessaires pour captiver l'imagination, et qu'il y avait dans la puissance d'aimer de quoi renouveler sans cesse et les tableaux et les situations, sans jamais lasser la curiosité. Ce sont les Anglais enfin qui ont fait des romans des ouvrages de morale, où les vertus et les destinées obscures peuvent trouver des motifs d'exaltation, et se créer un genre d'héroïsme.

Mme de Staël conclut son hommage au roman anglais en déclarant que sa plus grande qualité est une sensibilité calme et fière, énergique et touchante.

Cet enthousiasme est un peu excessif, mais on trouve parfois des qualités littéraires proches de celles décrites par Mme de Staël dans les romans anglais introduits en France par la *Bibliothèque britannique*. Considérons le cas d'un roman anonyme, *Hélène de Glenross*, qui mérite notre attention car il est typique de la meilleure littérature romanesque qui pénétra en France par cette voie. Il s'agit d'une oeuvre que l'on ne peut sans injustice reléguer à la catégorie du roman sentimental, à moins que l'on n'applique cette étiquette aux oeuvres de Stendhal. Des extraits de ce roman épistolaire furent diffusés en France par le périodique en 1811, dans une traduction due à l'infatigable Pictet. Le succès fut bientôt confirmé par la parution à Paris en 1812 d'une édition du texte complet chez l'éditeur Béchet, toujours dans la version de Pictet et sans nom d'auteur[25]. L'action principale se résume ainsi: Hélène Frazer a grandi dans le domaine de Glenross dans les montagnes de l'Ecosse, où sa famille vit de façon modeste. Son père fut déshérité à la suite de son mariage avec une roturière. Les parents de la jeune fille l'envoient chez une tante, qui vit dans la bonne société londonienne, dans l'espoir de mettre fin au désaccord qui règne dans la famille, dans l'espoir aussi de lui faire contracter un riche mariage. Une lettre écrite par la mère d'Hélène formule des pensées désabusées sur l'amour, le mariage et la situation sociale des femmes:

---

25 L'auteur anonyme est sans doute un certain H. Martin qui avait déjà publié des nouvelles intitulées *Historic Tales* à Dublin en 1788. *Helen of Glenross* parut à Londres en 1802, chez l'éditeur Robinson.

Lettre de Madame Frazer à sa fille

Ma chère Hélène, je suis quelquefois fâchée de te voir le même sentiment que j'ai eu sur le mariage. Tu penses qu'il faut s'aimer d'amour pour être heureux, et tu crois que le bonheur résulte nécessairement d'un amour mutuel. J'ai étouffé depuis des années les soupirs du regret, et j'ai la conviction que ton père a éprouvé le même sentiment. Juge, mon enfant, de ce que je dus sentir, lorsqu'après plusieurs années de mariage, je trouvai des lignes écrites de la main de ton père, dans lesquelles il exprimait un malheur profond, résultant du vide de son coeur, et de ses espérances déçues. Je voudrais te préparer aux revers, soit dans la fortune, soit dans les sentiments; je vais t'engager à cultiver les talents qui peuvent remplir le vide de la vie et à occuper ton esprit de la manière qui peut t'assurer des ressources durables. Les femmes ne se jettent jamais dans le vice par choix; mais la nullité de nos ressources d'instruction nous pousse vers les illusions du monde. Hélas! le nombre de victimes de ce monde trompeur en démontre tous les jours les dangers. Ton intelligence, ta fierté, la bonté de ton coeur, sont de grandes douceurs pour moi, mais ce ne sont pas des motifs de sécurité.[26]

Adoptant une attitude fataliste, la mère conseille à sa fille de se soumettre à la volonté de Dieu, et d'éviter l'orgueil, l'ambition et les erreurs. Mais l'intérêt du roman réside précisément dans les erreurs que commettent les personnages, à commencer par les parents d'Hélène, qui sous-estiment l'importance des sentiments et contribuent fortement au malheur de leur fille. L'héroïne reçoit les sages conseils du pasteur Stuart qui veut lui faire épouser lord Orville, dont il fut le tuteur. Mais Orville, tout en rendant justice aux qualités de la jeune fille, explique qu'il a vu trop de mariages malheureux dans le beau monde, et qu'il ne veut pas s'exposer à ce danger. La réponse de Stuart à Orville contient toute une théorie du mariage et de la vie sociale:

Le Dr Stuart à lord Orville

J'ai reçu tout à l'heure votre lettre. Je crois que de toutes les choses que vous avez écrites en votre vie, c'est la seule qui n'ait pas le sens commun. Je ne puis vous cacher le chagrin qu'elle m'a donné. Vous, que je croyais si supérieur aux préjugés vulgaires, vous, qui êtes fait pour avoir des idées justes et honorables sur la vie, vous, qui êtes sage et rangé, vous pensez sur le mariage et les femmes comme si vous étiez un libertin de profession. Vous prenez le langage de ces

---

26 *Bibliothèque britannique*, tome 46, p. 383.

fats à la mode, qui finissent par croire les histoires qu'ils ont souvent faites; qui vous racontent comment ils ont trompé un mari, gagné une suivante, fait la cour à une soeur pour cacher leur jeu, etc. Est-ce vous, milord, qui donnez confiance à de tels contes? Celui qui est assez sot ou assez bas pour trahir de semblables secrets, est fort' capable de les inventer. Est-ce d'après des documents pareils que vous plaisantez sur les femmes et sur le mariage? Dites-moi que vous avez de l'éloignement pour Hélène, et je tâcherai de le croire possible. Dites-moi qu'avant tout vous demandez une grande naissance chez celle qui sera votre femme: je tâcherai de ne pas me moquer de vous, en vous voyant faire dépendre votre bonheur d'une telle circonstance. Donnez-moi une excuse quelconque; mais ne me dites pas gravement: 'Je ne veux pas me marier'. Savez-vous ce que cela veut dire? Dans la crainte que la jeune personne à laquelle je donnerai mon coeur vienne jamais à s'éloigner de cette innocence, de cette intégrité, de cette délicatesse, de cette fidélité que j'exige, je donnerai mes affections à la femme ou à la maîtresse d'un autre: elle n'aura point ces qualités, ces vertus si embarrassantes à garder. Dans la crainte que votre femme ne s'avilisse, vous vous attacherez à une femme déjà vile.

Vous me renvoyez à la longue liste des scandales publics, et aux nombreuses sentences de la justice qui constatent l'état de nos moeurs. Que puis-je conclure de cet examen? C'est qu'il y a beaucoup de gens vicieux, beaucoup plus que je n'aurais pu le croire. Cependant, je dois remarquer, pour l'honneur des femmes, qu'on trouve fort peu d'exemples, parmi elles, de personnes essentiellement vicieuses. Les causes de ces histoires scandaleuses et de ces divorces sont ordinairement dans les unions mal assorties. Lorsque le mariage a commencé sous d'heureux auspices, et qu'il tourne mal, c'est ordinairement parce que le mari, trop sûr de sa femme, néglige d'être aimable avec elle, et de conserver son affection par les mêmes moyens qu'il a employés pour les obtenir. S'il ne se contente pas de négliger sa femme, mais qu'il aille chercher dans le monde d'autres objets d'affection, quel droit aurait-il pour exiger sa fidélité? Il y a, je le sais, des héroïnes pour le coeur, comme il y a des héros pour le courage; mais elles sont rares. Je ne prétends pas que les fautes des hommes justifient celles des femmes; mais, le plus souvent, les maris mettent une négligence et une imprudence inconcevables dans leurs discours et leur conduite.

Considérez comment la plupart des jeunes femmes entrent dans la carrière de la vie, non seulement sans connaissance des passions et des vices des hommes, sans défiance sur leurs desseins, mais aussi sans un guide qui les préserve et les protège. Prenez-vous en donc

aux maris qui, après s'être engagés à servir de conseil et de
protecteur à la compagne de leur vie, l'abandonnent à tous les
pièges, surtout les femmes qui, ayant perdu leur propre réputation,
cherchent à augmenter le nombre de celles que l'opinion condamne,
croyant ainsi affaiblir les effets du blâme. Que dire des hommes qui
cherchent à donner à leur jeune épouse, pour relation habituelle, des
femmes avec lesquelles ils ont été en intrigue ouverte![27]

Ces réflexions sur le mariage, si proches de certaines pages de Balzac,
montrent comment un romancier pouvait assumer le rôle de conseiller dans
les problèmes de la vie intime, fonction qui sera reprise par la presse
féminine à notre époque. Fort de ces conseils, Orville se décide à demander
la main d'Hélène, mais trop tard car elle vient d'accepter pour époux le
colonel Sedley, fils d'un riche aristocrate.

Pour Hélène, ce mariage est inspiré par le devoir, car elle sait que c'est
l'union que préfère son père. Bien que Sedley ait fait un mariage
d'inclination en l'épousant, Hélène connaît bientôt la plupart des misères
de la vie conjugale décrites par Stuart. Sedley la néglige, passe sa vie dans
son club ou avec ses chevaux, et se couvre de dettes: comportement
aristocratique qui choque les instincts de sa femme. Hélène s'interroge sur
l'injustice de sa situation, sur le sentiment du devoir qui l'a lancée dans une
mésalliance, et se demande tristement si un individu n'a pas droit à un
certain bonheur. Elle ne compte désormais que sur l'amitié de Stuart, qui
de son côté multiplie les recommandations de sagesse et de dévouement.
Mais la situation est plus grave qu'elle ne le pense, car Hélène ne connaît
pas encore la haute société de Londres. Une révélation dramatique lui sera
faite par une lettre anonyme: Sedley est depuis longtemps l'amant d'une
femme corrompue à qui il doit une forte somme d'argent. Abusant de son
pouvoir sur Sedley, cette personne séduisante et dangereuse s'insinue dans
l'entourage d'Hélène, feignant l'amitié. Instruite de la situation réelle,
Hélène révèle les indélicatesses financières et morales de son mari, et
l'honneur de Sedley est atteint. Faisant bientôt son autocritique dans
l'intéressant discours qui se poursuit entre mère et fille, l'héroïne se
demande si sa colère ne lui a pas fait commettre une grave erreur: 'Je n'ai
pas été assez discrète, et assez indulgente pour ses fautes, voilà mon crime.
Une femme du monde qui aurait eu beaucoup de sens et de fermeté se
serait conduite autrement, je le sais. Je sens bien que j'ai tort, car il vaut
toujours mieux ramener qu'aigrir, et amender que condamner.'[28] Elle
propose un rapprochement, mais Sedley s'y refuse et quitte Londres avec
sa maîtresse. Bientôt Orville reparaît, et Hélène noue avec lui une amitié

27   ibid., p. 503-504.
28   ibid., tome 47, p. 111.

dangereuse qui se transforme rapidement en amour, ce qui lui donne le sentiment amer qu'elle aurait connu le bonheur si elle n'avait pas accepté le mari voulu par son père. Vertueuse, elle résiste à sa passion pour Orville, et décide de l'éloigner afin de sauver sa réputation. Mais bientôt surviendra un duel dans lequel Orville tue Sedley, comblant ainsi le désespoir d'Hélène, qui dépérit et meurt peu de temps après. La morale de cette histoire remplie de thèmes féminins est tirée par une jeune cousine[29]:

Lettre de la cousine d'Hélène

Quand je fixe mes regards sur ce beau visage empreint de la sombre tristesse que son âme y a déposée en fuyant; et que je compare cet objet avec le souvenir encore vif et présent de ces traits enchanteurs qui exprimaient tour à tour la douce gaîté, et la grâce pensive, et la séduisante bonté; quand je me rappelle quel coeur elle avait, et comment ce coeur a été brisé, ô ma chère tante! l'avenir me fait trembler! Qui suis-je pour échapper au malheur, si Hélène a attiré sur elle les châtiments du ciel! Mais les voies de la Providence sont mystérieuses. Sans doute cet ange de pureté sera récompensé pour ses souffrances ici-bas. Peut-être le ciel l'avait-il destinée à vivre et à mourir pour l'édification et l'instruction de toutes les femmes!

Ainsi se termine un roman dont l'intérêt est évident malgré une intention didactique un peu marquée. Est-ce que cette tendance moralisatrice explique l'oubli dans lequel est tombée une oeuvre qui possède des qualités réelles? Cette interprétation des faits ne semble pas suffisante car on retrouve une intention morale dans plusieurs oeuvres de Balzac. Et il faut souligner le fait que l'auteur de l'histoire d'Hélène de Glenross manie la forme épistolaire avec une grande compétence: la correspondance est logique et cohérente, et elle exploite les différentes facettes de la situation. L'auteur évite avec intelligence la schématisation excessive des personnages: même l'héroïne vertueuse peut se reprocher une réaction imprudente; Orville s'attarde dans des aspirations juvéniles et peu réalistes; Sedley est faible, et comprend trop tard qu'il n'aurait pas dû accepter la main d'une jeune fille qui ne l'aimait pas d'amour. L'intérêt essentiel de l'histoire d'Hélène de Glenross vient du fait qu'elle est tirée de l'expérience commune: la vie de famille, les soucis d'argent, l'aspiration au bonheur, l'amour et le mariage, l'initiation aux dangers de la haute société, les espoirs déçus, la situation de la femme surtout. L'auteur anonyme de ce portrait de la société contemporaine est un de ceux qui ont ouvert la voie dans le domaine moderne des scènes de la vie privée qui sera si bien

---

29   ibid., p. 270.

exploité par Balzac. Et Balzac ajoutera une dimension absente dans le roman anglais, celle du désir féminin.

Analyse de l'Histoire d'Eléonore de Parme

Le roman *Les Frères anglais* et l'histoire d'Eléonore constituent un autre échantillon fort intéressant de la littérature romanesque que l'Angleterre exportait au début du dix-neuvième siècle, et souvent les oeuvres mineures sont la meilleure illustration d'une production littéraire. L'histoire d'Eléonore de Parme nous montre d'abord la nature approximative des classements, car elle appartient à la catégorie du roman sentimental et en partie aussi à celle du roman terrifiant: double essence qui n'était pas exceptionnelle et que l'on retrouve dans les oeuvres de Mme Radcliffe. L'intérêt du roman *Les Frères anglais* réside essentiellement dans le domaine thématique, par exemple dans son ambition de décrire les moeurs et le caractère des nations: l'histoire d'Eléonore est en effet une aventure italienne insérée dans un roman anglais qui contient aussi des épisodes situés en France et en Allemagne. Et nous avons vu que ce roman anglais fut traduit par un périodique suisse où il serait lu par un futur romancier français qui allait apparemment s'en souvenir. Le blocus décrété par Napoléon n'empêchait donc pas la diffusion de la littérature, car une communauté européenne existait encore malgré la guerre.

L'histoire d'Eléonore contient un nombre d'éléments traditionnels, ou qui allaient le devenir: le cadre italien, le secret, l'héroïne malheureuse, le héros sensible, le crime inspiré par l'amour, le pavillon où les amoureux se rencontrent, la lune, les sanglots, la cassette de diamants, les évanouissements, le spectre, le couvent sinistre. Il y a là plus d'un détail qui rappelle le chapitre où Flaubert, avec un mélange d'ironie et de nostalgie, décrit les lectures de jeunesse d'Emma Bovary. Mais cette page satirique fut écrite un demi-siècle plus tard, et ce qui allait paraître suranné en 1850 était acceptable en 1810. L'histoire d'Eléonore contient d'ailleurs des éléments qui la situent dans la tradition romanesque sérieuse, par exemple le thème de l'amour contrarié et de la liberté individuelle. A ce sujet majeur s'ajoutent celui du conflit des générations, et surtout celui des droits de la femme. C'est le grand thème qui reparaissait souvent dans le roman européen; présent dans les oeuvres de Richardson, de Rousseau, de Maria Edgeworth, de Mme de Staël et de Jane Austen, il le sera aussi dans celles de Mme de Duras, de Balzac, de Stendhal et de George Sand.

On devine que l'histoire d'Eléonore a été écrite pour les femmes et par une femme. Les indices concernant le sexe probable de l'auteur sont visibles dans l'importance accordée à certains thèmes: l'amitié entre femmes; les rapports entre mère et fille; la maternité; la jalousie féminine; le choix d'un mari. Et ce monde fictif est dominé par Eléonore, car tout est observé par ses yeux et elle est le seul personnage qui possède une certaine complexité psychologique. Le duc de Parme et Fernando remplissent une fonction nécessaire dans l'intrigue, mais ils ne jouent qu'un rôle secondaire. Le thème principal exprimé par le personnage d'Eléonore est sans doute celui des droits des femmes, et si la peur du mariage imposé était encore répandue parmi les lectrices en 1810, cette histoire devait les intéresser. Les autres épisodes du roman *Les Frères anglais* sont également dominés par le thème de l'amour et par celui du mariage, et l'auteur montre deux existences contrastées: celle d'Eléonore, qui est tragique à cause d'un mariage imposé; celle de la mère de Caroline, qui est heureuse, car dans sa jeunesse elle se laissa enlever par l'homme de son choix alors que son père s'opposait à un mariage avec un roturier. Le père aristocratique lui pardonna enfin, et la paix revint dans la famille. La vie d'Eléonore et celle de la mère de Caroline sont une défense de la même thèse féministe: une femme a le droit de chercher un bonheur personnel dans sa vie affective. Et la romancière fournit un second exemple de félicité conjugale lorsque Caroline finit par épouser lord William.

Eléonore de Parme, en revanche, continue une tradition d'héroïnes tragiques qui remonte à Didon en passant par Julie d'Etanges et Clarisse. Lorsqu'elle contemple la lune et les nuages chassés par le vent, Eléonore incarne pourtant une sensibilité et une mélancolie qui font d'elle un de ces caractères romantiques qui vont émouvoir une nouvelle génération de lecteurs. Sa situation est particulièrement bien conçue pour intéresser les lectrices, qui décidaient du succès des romans: Eléonore est éprise d'un jeune homme noble, mais sans fortune, et son père veut lui imposer un mari qu'elle n'aime pas. La mort de sa mère la prive de sa seule protectrice et, lorsque la pression de l'église s'ajoute aux menaces de son père, tout espoir est perdu. Un enlèvement est hors de question à cause de la puissance de son père, prince régnant. Eléonore se voit donc contrainte à accepter un mariage sans amour, et de là découlera une série de malheurs qui frapperont Julio, Fernando, Eléonore et son enfant.

L'auteur de l'histoire d'Eléonore a réussi à donner à son héroïne une certaine densité psychologique, et le personnage nous intéresse par son caractère autant que par sa situation dramatique. A côté d'un roman terrifiant nous trouvons en effet un roman d'analyse, par exemple dans les pages qui décrivent la vie des époux unis par un mariage de convenance. Eléonore est consciente des qualités de Julio, mais elle ne peut l'aimer, et il y a un élément cornélien chez cette femme qui ne veut pas montrer de faiblesse et qui s'applique à suivre la route du devoir. La contraste entre sa belle situation sociale et la réalité de ses sentiments ne fait que souligner son malheur, et l'on reconnaît ici la formule qui fait vendre de nos jours les revues qui se spécialisent dans la vie privée des princesses. Eléonore est isolée dans son malheur car elle ne peut avouer à personne qu'elle n'a jamais cessé d'aimer Fernando. Et les fils de l'histoire semblent tenus par le Destin, comme on le devine dans la scène symbolique où, ayant revu inopinément Fernando à Naples, elle trébuche dans l'escalier du théâtre et tombe dans ses bras. Désormais, elle a la conviction que toute possibilité de fuite et de bonheur est perdue, et elle conçoit une aversion pour le mari qui la sépare de l'homme qu'elle aime. L'amertume de la situation est augmentée par le changement d'attitude de son père, qui regrette son opposition à son mariage à partir du jour où Fernando devient duc. Les sentiments de l'héroïne demeurent complexes et contradictoires car elle reste attachée à son devoir et, malgré son malheur personnel, se donne la tâche impossible de rendre Julio heureux. Enfin arrive le jour où elle cède au désir refoulé en empoisonnant son mari.

L'histoire d'Eléonore possède un intérêt que l'on ne trouve pas dans tous les romans anglais de l'époque. Cela est vrai notamment des productions un peu insipides de Maria Edgeworth, auteur qui eut beaucoup de succès avec *Belinda* (1801) et que Stendhal admirait[30] pour sa connaissance du coeur humain, tout en regrettant que l'amour fût 'en disgrâce' dans ses romans. L'histoire d'Eléonore évite l'idéalisation de l'héroïne, qui était traditionnelle dans le roman sentimental anglais et flagrante dans le personnage de Caroline. Eléonore en revanche n'a pas toujours le beau rôle, et la jalousie la motive lorsqu'elle apprend que Fernando pourrait se marier avec une autre femme. Maintenant elle espère la mort de son époux malade, et elle le tue afin de se libérer. Ici commence le vrai drame, qui est celui de la culpabilité. La situation d'Eléonore est aggravée par la nécessité de cacher à Fernando le crime qui a rendu leur mariage possible. Le caractère imaginatif de l'héroïne la porte à attribuer désormais à son premier mari des qualités qu'il ne possédait pas, et les remords seront plus forts que l'amour. Ils détruiront la vie du couple, et la deuxième partie de l'histoire est le récit d'une destruction progressive causée par la dissimulation et par la culpabilité. Malgré les apparitions du spectre, l'histoire d'Eléonore ne quitte pas vraiment le domaine de la psychologie. Elle tire une grande partie de son intérêt du thème pathétique d'une mère punie par la mort de son enfant.

Tout en cherchant à créer un portrait psychologique cohérent, l'auteur ne néglige pas la thèse sociale qui est une composante essentielle de l'histoire. Eléonore est victime d'un système patriarcal, et son crime est entouré de circonstances atténuantes. La situation de l'héroïne demeure tragique malgré tous ses efforts, et son entrée en religion ne constitue pas une solution heureuse car elle souffre de jalousie et d'irrésolution en dépit de sa décision de renoncer à Fernando. Pour Eléonore la vie religieuse est moins une source d'espoir qu'une punition cruelle, aggravée par le cilice, le lit d'épines et la flagellation. Et pourtant, l'histoire ne s'écarte pas de

---

30   Stendhal, *Correspondance*, I, p. 980. Lettre écrite en 1819.

l'intention déclarée, qui est de mettre les lectrices en garde contre les dangers de l'amour. Nous avons donc un monde moralement simple, dépourvu de cette complexité qui est souvent la marque des grandes oeuvres de fiction.

L'histoire d'Eléonore ne contient pas de thèse politique explicite; l'auteur prend le parti de se limiter au thème social de la morale familiale et conjugale. Le sujet possède une dimension politique qui reste inexploitée, car le comportement du puissant duc de Parme est envisagé essentiellement sous son aspect paternel. Et l'auteur ne révèle pas d'intention anticléricale dans le rôle accordé aux prêtres et à l'Eglise, se contentant de continuer une tradition littéraire dans laquelle l'Italie est tout naturellement le pays des princes absolus et des couvents effrayants. L'histoire se déroule d'ailleurs sans précision historique, et la famille du duc de Parme ne doit apparemment rien à celle du duc Ferdinando qui régna réellement sur ce petit Etat dans la deuxième moitié du dix-huitième siècle. La topographie de la ville de Parme demeure également vague, bien que le palais ducal avec son jardin d'orangers, son pavillon et sa fontaine fournissent quelques rares détails pittoresques. Il s'agit surtout d'une Italie imaginaire, celle des passions dangereuses et de la mort violente: un pays essentiellement littéraire qui était celui de Roméo et de Juliette et dont la tradition venait d'être renouvelée par les romans de Mme Radcliffe.

Il est difficile d'identifier l'auteur des *Frères anglais*, comme c'est le cas pour un nombre considérable d'ouvrages de l'époque. Ecrire un roman est pourtant une activité révélatrice, et l'auteur qui cache son nom ne peut éviter de dévoiler des aspects de sa personnalité. Nous l'avons dit: l'hypothèse la plus probable est que cette oeuvre ait été écrite par une femme. On peut en faire un profil psychologique sommaire à partir des éléments thématiques. On y décèle notamment le désir d'aimer et d'être aimée, et c'est l'idée essentielle dans tout le roman, où l'irrésistible Caroline est adorée par ses parents, par deux frères aristocratiques, et par tous ceux qui la rencontrent. Le roman *Les Frères anglais* est dominé par le thème de l'amour, qui se présente sous deux formes: un amour passionné et dangereux, et un sentiment chaste qui ressemble à une affection familiale. L'homme parfait est représenté par Fernando, cousin germain de l'héroïne, à la fois parent et amoureux. Cet amant passif et respectueux[31] est une sorte de frère pour Eléonore. Comme beaucoup de romanciers anglais de l'époque, l'auteur de l'histoire d'Eléonore fait l'éloge de la famille. Il tend aussi vers une idéalisation de la femme, sauf dans le

---

31 Béatrice Didier parle de 'l'effacement de l'homme' dans bien des oeuvres féminines, où le mari, l'amant sont souvent dénués d'individualité, voire inutiles, et constituent un obstacle. L'héroïne a souvent une soeur, une confidente qui peut lui révéler ce qu'elle n'est pas, ce qu'elle pourrait être: *L'Ecriture féminine*. Paris: PUF, 1981, p. 27.

personnage d'Eléonore, et Caroline, jeune fille innocente vertueuse et sensible, est présentée comme un modèle pour les lectrices.

Parmi les nombreuses romancières en Angleterre au début du dix-neuvième siècle les plus célèbres étaient Maria Edgeworth et Ann Radcliffe. A côté de ces noms connus on peut citer ceux de Clara Reeve, d'Amélia Opie, de Charlotte Smith, de Mme Inchbald, des soeurs Lee, et de Jane Porter[32]. Ces romancières, parmi d'autres, produisaient une quantité d'oeuvres morales et touchantes qui seraient lues par une ou deux générations avant de tomber dans l'oubli. Considérons le cas d'Anna Porter, soeur cadette de Jane, et l'hypothèse selon laquelle le roman *Les Frères anglais* pourrait être une de ses oeuvres, car cette attribution a été faite par le libraire Marc dans son *Dictionnaire des romans*[33]. Anna Porter fut un des phénomènes les plus remarquables de la littérature populaire de son temps. Elle commença à écrire en 1793 à l'âge de treize ans, et en 1830, année de sa mort, elle avait publié un grand nombre de romans dont il est impossible de dresser la liste complète car une partie de cette production parut sans nom d'auteur et ne laissa aucune trace dans les catalogues des bibliothèques. Pourtant le succès des oeuvres d'Anna Porter et de sa soeur Jane fut tel que la célébrité de Walter Scott leur causa un vif mécontentement. Certains romans d'Anna Porter furent traduits en français et diffusés en Europe, et cette consécration avait été obtenue par *Les Frères hongrois* en 1807. Le titre de ce roman suggère un lien de parenté avec *Les Frères anglais*, publié peu après, et c'est sans doute pour cette raison que Marc l'attribua à Anna Porter. Mais la ressemblance se limite au titre, car les oeuvres informes et fades d'Anna Porter appartiennent à une catégorie inférieure. L'identité de l'auteur de l'histoire d'Eléonore de Parme reste mystérieuse, mais il ne s'agit certainement pas d'Anna Porter.

Le roman *Les Frères anglais* dans son ensemble n'est pourtant pas une grande oeuvre méconnue. Pour le lecteur moderne la majeure partie des aventures de la famille Howard possède un intérêt purement historique, et paraît inférieure à l'épisode de l'histoire d'Eléonore. Mais nous avons vu que le *Journal* de Stendhal[34] révèle qu'il fut ému aux larmes par la lecture de ce roman, et il est même possible d'identifier la page qui produisit cet effet. Il s'agit d'une scène de réconciliation entre la mère de Caroline et le père de celle-ci lorsque le vieux lord lui pardonne enfin son mariage:

---

32 En France la critique s'intéressait à ces romancières anglaises, et en juillet 1814 le *Mercure de France* (tome 60, p. 124) divisait leurs oeuvres en deux groupes. Le premier se caractérise par 'les insipides volumes, remplis de héros ténébreux, de clair de lune, de souterrains, de poignards'; le second est en revanche 'un genre sage, entraînant et moral' représenté par Maria Edgeworth. Dans son numéro de février 1815 (tome 62, p. 338) le périodique fait l'éloge de Miss Burney, et trouve que ses romans possèdent 'une fable sagement combinée, des caractères bien tracés, et une peinture exacte des moeurs'. Le périodique ne parle pas encore de Jane Austen, dont la carrière venait de commencer. La *Bibliothèque britannique* publia des extraits de *Pride and Prejudice* en 1813.

33 p. 145.

34 Stendhal, *Oeuvres intimes*, tome I, p. 554 et 556.

De temps en temps, le comte interrompit ses récits ou ses questions pour serrer sa fille dans ses bras, en lui répétant qu'il la trouvait presque aussi jeune qu'autrefois. Rien ne pouvait être plus agréable à Gertrude que cette aimable prévention de son père, qui la faisait paraître aux yeux de celui-ci ce qu'elle était dans sa jeunesse.

Deux heures se passèrent comme un instant. Lorsque Caroline rentra, et qu'on lui dit l'arrivée de son grand-père, elle vola pour l'embrasser. Il fut si frappé de sa beauté, lorsqu'il la vit paraître, qu'il demeura muet et immobile. La dignité et l'élégance de sa tournure, l'éclat de son teint, l'extrême beauté de ses grands yeux noirs ombragés de longues paupières, la douceur de son regard, l'expression aimable de sa physionomie animée par le plaisir de retrouver son grand-père, un peu de désordre que la promenade avait mis dans ses cheveux, tout cela lui donnait un charme presque divin. Elle pleurait en embrassant son grand-père, et elle lui dit d'une voix entrecoupée: 'Voilà le jour qui rend ma mère au bonheur!'

Le comte se leva et, après l'avoir pressée dans ses bras, il s'écria: 'Est-ce bien possible!' Puis, s'éloignant un peu d'elle pour la mieux regarder, il ajouta: 'Il me semble que je vois ma Gertrude après une course dans le parc!'

C'était ce que le comte pouvait dire de plus doux pour la mère et la fille. Mr. Howard et lady Gertrude jouissaient délicieusement de l'effet que produisaient Caroline et des sentiments qu'elle faisait naître chez son grand-père[35].

Nous avons cité les phrases du *Journal* de Stendhal[36], écrites le 20 mars 1810, et qui s'inspirent directement de cette page. On peut s'étonner devant l'intensité de cette émotion, suscitée par un épisode que le lecteur moderne trouve probablement très banal, mais le fait est certain. Et l'attendrissement de Stendhal s'exprime par une répétition des mots essentiels de la phrase: 'Mr. Howard et lady Gertrude jouissaient délicieusement de l'effet que produisait Caroline et des sentiments qu'elle faisait naître chez son grand-père'. Notons donc cette réaction du lecteur français devant une sensibilité 'anglaise', et cette jouissance devant une scène de bonheur familial. Nous avons beau nous étonner de cet enthousiasme pour l'histoire de Caroline Howard, l'admiration de Stendhal est indéniable et révèle un aspect de la sensibilité de l'homme qui allait écrire *La Chartreuse de Parme*.

Le roman *Les Frères anglais*[37] contient d'ailleurs des scènes qui ne manquent pas d'un certain charme, comme celle où Caroline songe à Eléonore en s'éloignant de l'Italie sur un voilier:

---

35 *Bibliothèque britannique*, tome 43, p. 263.
36 Stendhal, *Oeuvres intimes*, I, p. 554
37 *Bibliothèque britannique*, tome 43, p. 233.

La nuit était délicieuse. Le mouvement de la vague était presque insensible. On n'entendait d'autre bruit que le murmure régulier et doux que le sillage du vaisseau occasionnait. La cloche que les sentinelles du pont sonnaient par intervalles, interrompait ce silence. Bientôt le son d'une flûte se fit entendre: c'était un matelot qui en jouait très bien, et répétait des airs italiens. Caroline était pensive et triste, sans savoir pourquoi. Son imagination la reportait à Naples; Elle voyait son amie Thérèse, et la mère abbesse, leur protectrice bien-aimée. Elle se sentait oppressée, et ses yeux se remplirent de larmes à l'idée qu'elle ne reverrait jamais cette femme qu'elle avait appris à chérir, et dont l'infortune mystérieuse lui inspirait un tendre intérêt mêlé d'un vague sentiment de terreur. 'C'est par l'amour qu'elle a été malheureuse', s'écria-t-elle. 'Ah! Je n'oublierai jamais ses leçons! Il faudrait savoir n'aimer que ce qui ne périt point!'

Un épisode dans lequel Caroline contemple un cloître ruiné est marqué par la sensibilité qui fut un des grands phénomènes culturels de l'époque. On y retrouve[38] ce goût de la mélancolie que la littérature anglaise avait répandu en Europe vers la fin du dix-huitième siècle et qui se perpétue dans les oeuvres de Senancour et de Chateaubriand, en attendant celles de Lamartine:

Lorsque Caroline arriva à sa retraite favorite, le soleil commençait à se montrer à l'horizon. Elle prit un siège rustique du cloître, et s'assit à la porte pour contempler un des plus imposants spectacles de la nature. Tous les bruits de la campagne semblaient naître et s'accroître à mesure que le soleil s'élevait dans sa marche lente et majestueuse. Elle entendait au loin le mugissement du bétail, le hennissement des chevaux, et le bêlement des brebis. Les oiseaux qui nichaient dans les arbres de l'abbaye et dans le lierre qui couvrait ses murs s'agitaient de branche en branche, et saluaient le soleil par leurs chants et par leur gazouillement. Un sentiment calme et doux pénétrait par degrés dans l'âme de Caroline. Ses yeux se portaient tour-à-tour sur cette belle nature qui s'étalait à ses regards et sur les ruines imposantes de l'édifice, sur les voûtes rompues, sur les murs dégradés, sur les restes des cellules autrefois habitées par les solitaires. L'idée que ces saints hommes avaient souvent contemplé le spectacle du soleil levant dans le lieu même où elle était assise se présenta avec force à son esprit et elle éprouva une impression profonde de mélancolie, en songeant à la vanité des choses humaines, à la rapidité du temps, qui balaie devant lui les

---

38   ibid., p. 248.

générations, tandis que les lois de la nature demeurent immuables comme leur auteur.

L'abbaye en ruines où une jeune fille se rend avec sa harpe et sa tristesse, le sentiment religieux, l'amour dans un beau cadre naturel: c'est le genre de scène qui inspira une génération d'auteurs et de peintres, et le roman *Les Frères anglais* contient bien des éléments qui allaient devenir traditionnels en France. Sans doute le charme de ces épisodes fit-il passer la faiblesse de l'intrigue, et il n'est pas surprenant que la *Bibliothèque britannique* ait conservé dans ses extraits les pages sensibles comme celles que nous venons de citer, tandis qu'elle supprima une grande partie du roman. Le rédacteur explique en effet qu'il a préféré sacrifier des chapitres remplis de digressions, de réflexions superflues et de personnages inutiles. Croyant à la qualité supérieure de l'histoire d'Eléonore, il met en valeur cet épisode tragique et exclut complètement la fin des amours de Caroline, avec leur dénouement heureux. Pictet s'abstient de tout commentaire sur le rôle accordé au spectre de Julio, et n'émet pas d'opinion sur les petits clichés du roman sentimental: les ruisseaux de larmes, les sanglots et les évanouissements. Il est vrai que ces détails sont compensés par des pages bien écrites, comme celle qui décrit la première époque du mariage d'Eléonore et de Julio, qu'elle estime, sans l'aimer. La même qualité littéraire est visible dans la scène de la rencontre d'Eléonore et de Fernando peu avant l'assassinat de Julio. Caché sous le dialogue formel et convenable, un autre discours se fait entendre. Cette voix secrète révèle leur amour, et le désir inavouable de voir mourir Julio. Bientôt l'action suit la pensée, et Eléonore commet son crime. Dans cet épisode l'auteur montre le don essentiel du romancier, celui de créer des situations et des personnages captivants.

Nous avons vu l'enthousiasme avec lequel Stendhal lut le roman *Les Frères anglais*, et l'on sait que le futur romancier était un imaginatif qui gardait longtemps en mémoire l'impression laissée par certaines lectures. Peut-on affirmer qu'il s'inspira de l'histoire d'Eléonore de Parme lorsqu'il écrivit *La Chartreuse de Parme* bien des années plus tard? Nous sommes dans un domaine où les preuves n'existent guère, mais entre l'histoire d'Eléonore et celle de Clélia Conti il y a des ressemblances significatives, notamment le thème de l'amour tragique lié à la mort d'un enfant. Le destin marque sa présence dans les deux oeuvres, et Eléonore tombe dans les bras de Fernando comme Clélia dans ceux de Fabrice. Lorsque Clélia entre en scène elle a douze ans, l'âge d'Eléonore. La jeune Eléonore s'amuse à voir la déception des prétendants refusés, et Clélia est 'presque gaie' chaque fois qu'elle peut en éconduire un[39]. Dans les deux oeuvres,

---

39 *La Chartreuse de Parme*, p. 284.

l'amour naît lors d'une deuxième rencontre après une longue séparation.
Comme Fernando, Fabrice est un fils cadet dont la situation sociale est
d'abord modeste. Mais il hérite lui aussi du titre familial de façon
inattendue, et trop tard pour épouser la femme aimée. Comme Clélia,
Eléonore est en conflit avec son père à cause du mariage qu'il veut lui
imposer. Eléonore finit par accepter ce mariage avec le consentement de
Fernando, de même que Fabrice ne s'opposera pas à l'union de Clélia avec
le marquis Crescenzi. Le mari de Clélia, comme celui d'Eléonore, est un
homme aimable et inoffensif. La menace que le duc de Parme fait peser sur
Fernando, qui risque d'être enfermé dans un château-fort, ressemble à celle
que connaît Fabrice. Le thème de l'empoisonnement est également présent
sous une forme modifiée. La vie d'Eléonore s'achève dans le remords et la
pénitence, ce qui sera également le cas dans *La Chartreuse de Parme*. Dans
les deux histoires les protagonistes atteignent une brillante situation sociale
et ils ont les apparences du bonheur, mais tout finit dans la tristesse. Une
autre ressemblance entre ces deux mondes fictifs est celle du lieu principal
de l'action, cette ville de Parme qui ne figure pas dans les récits de la vie
d'Alexandre Farnèse lus par Stendhal. Le choix de cette ville par le
romancier pourrait s'expliquer par l'influence de l'histoire d'Eléonore de
Parme. Stendhal n'avait pas séjourné dans Parme à l'époque où il lisait le
roman *Les Frères anglais*, ce qui laissait le champ libre à l'imagination, et
il est possible que Parme fût pour lui la ville d'Eléonore, avant de devenir
celle de Clélia. Comme nous l'avons dit, l'histoire d'Eléonore ne contient
ni analyse politique ni détails topographiques et, bien que la logique interne
du texte nous permette de situer l'action principale vers 1780, l'auteur
anonyme n'a aucune ambition historique et se contente de rester dans le
domaine de la psychologie. Autre différence: il n'y a pas de spectre dans le
roman de Stendhal, qui accorde pourtant un rôle au surnaturel sous la
forme plus discrète des présages et du destin. Une divergence plus
importante entre les deux textes est visible dans le personnage de
Fernando, qui ne ressemble à Fabrice que par son amour fatal, par la mort
de son fils et par la perte de sa femme. Fernando ne commet aucune faute,
tandis que Fabrice est coupable d'adultère et de complicité dans la mort de
Sandrino, événement préfiguré par la branche desséchée de son arbre
fétiche. En effet, on observe une différence significative entre les deux
oeuvres en ce qui concerne la moralité. Celle qu'exprime le roman anglais
est simple, explicite et orthodoxe, et la vie de son héroïne coupable est une
suite d'infortunes. En revanche, la destinée de Clélia et de Fabrice contient
moins de morale et moins de malheur, car ils connaissent le 'bonheur
divin' de leur liaison et de la naissance de Sandrino. Pourtant les deux
héroïnes ont le même sentiment de culpabilité, et Clélia a la conviction que

son fils est 'le fruit d'un crime', et elle aussi se croit 'frappée d'une juste punition'[40]. Les transgressions de Clélia se limitent à l'adultère, aux infractions à son voeu à la Madone, et à sa complicité dans l'enlèvement de Sandrino. Elles sont donc moins graves que celles d'Eléonore, qui tue son mari. Mais on peut se demander si le projet initial de Stendhal n'était pas de suivre l'histoire d'Eléonore et de faire mourir le marquis Crescenzi par la main de Clélia? Ainsi s'expliquerait enfin l'étrange prédiction de Blanès à Fabrice: 'Ne tombe jamais dans le crime avec quelque violence que tu sois tenté; je crois voir qu'il sera question de tuer un innocent, qui, sans le savoir, usurpe tes droits'[41]. Dans *La Chartreuse de Parme* le personnage innocent qui usurpe les droits de Fabrice n'est pas Sandrino mais le mari de Clélia. Cela est rendu explicite par la phrase: 'La marquise avait un charmant petit garçon de deux ans, *Sandrino*, qui faisait la joie de sa mère; il était toujours avec elle ou sur les genoux du marquis Crescenzi; Fabrice, au contraire, ne le voyait presque jamais; il ne voulut pas qu'il s'accoutumât à chérir un autre père'[42]. L'hypothèse d'une modification du rôle de Clélia peut être soutenue par la présence d'un détail bizarre dans l'épisode qui prépare l'évasion de Fabrice. Ludovic pénètre dans la citadelle et donne deux choses à Clélia: 'une bourse remplie de sequins, et une petite boîte renfermant diverses sortes de poisons'[43]. Pourquoi ces poisons donnés à l'héroïne du roman de Stendhal? Peut-être a-t-il commencé son roman avec l'intention de faire commettre par Clélia le même crime qu'Eléonore, suivi par un dénouement dans lequel elle aussi prendrait le voile. Les mentions de l'inclination de Clélia pour la vie de couvent sont en effet si nombreuses qu'il s'agit d'une sorte de vocation manquée[44], et Stendhal a pu changer de direction en cours de route. Nous savons d'ailleurs que son roman fut fait sans plan précis, comme il l'expliqua lui-même. La confrontation des deux textes entraîne une première conclusion: la destinée de Clélia est comme une version adoucie de celle d'Eléonore. Stendhal donne plus de bonheur et moins de culpabilité à Clélia, et ajoute à son histoire l'élément presque comique de la liaison nocturne avec l'homme qu'elle ne doit pas voir. Eléonore, en revanche, se met dans l'impossibilité de revoir Fernando.

Si notre hypothèse sur le lien de parenté entre l'histoire d'Eléonore et celle de Clélia Conti est juste, nous avons un fait nouveau et une confirmation. Nous savions déjà que Stendhal n'avançait de façon efficace que s'il avait un schéma venu de quelque source extérieure, la courbe d'une destinée déjà écrite, mais susceptible d'être développée et modifiée. Ses

---

40 ibid., p. 506-508.
41 ibid., p. 182.
42 ibid., p. 504.
43 'La vue de ces poisons la fit frémir.' Ibid., p. 390.
44 ibid., pp. 284, 285, 288, 334, 341, 344, 353, 360, 361, 362, 364, 370.

déclarations sont formelles: le point de départ et le point d'aboutissement furent la mort de Sandrino, et par implication celle de Clélia. La ressemblance entre les deux oeuvres et les pages du *Journal* de Stendhal que nous avons citées suggèrent que l'histoire d'Eléonore de Parme peut être la source perdue de *La Chartreuse de Parme*. Comment expliquer l'étrange pouvoir de l'histoire d'Eléonore de Parme, si Stendhal l'a ainsi gardée en mémoire pour la faire revivre un quart de siècle plus tard, et dans le roman le plus rempli de ses émotions? S'agirait-il d'une conséquence du traumatisme vécu par le jeune Beyle lors de la mort prématurée de sa mère, grand événement qui lui fit connaître le malheur et le marqua pour la vie? Ainsi s'expliquerait le retour au thème de la mort qui sépare mère et fils, et à cette cruauté de l'existence qui l'amena, tout jeune encore, à dire du mal de Dieu[45]. L'histoire d'Eléonore ravivait peut-être une blessure que Stendhal n'avait pas cessé de porter en lui et qu'il allait exprimer sous une forme fictive dans les personnages de Clélia et de Sandrino.

Il nous reste à commenter le renseignement apparemment faux que Stendhal donna à Balzac lorsqu'il affirma qu'il avait été inspiré par la mort d'un enfant observée 'dans la nature'. Notre hypothèse est qu'il ne voulait pas avouer le rôle joué par un roman anglais anonyme, et qu'il a préféré nommer l'Arioste et le Corrège, sources prestigieuses et avouables, comme il le fit dans sa lettre à Balzac. Nous savons l'admiration de Stendhal pour la tradition romanesque représentée par Fielding, mais nous sous-estimons parfois l'intérêt qu'il portait également au roman sentimental anglais. Nous avons cité la page où Caroline Howard observe le lever du jour sur les ruines d'une abbaye, dans une scène empreinte de lyrisme, de mélancolie, d'amour de la solitude et de la nature. Les oeuvres de Stendhal n'ont pas rompu avec cette tradition, et nous retrouvons les mêmes sentiments dans *La Chartreuse de Parme* lorsque Fabrice s'arrête au bord du lac. Il existe une affinité culturelle entre les protagonistes de l'histoire d'Eléonore et ceux du grand roman italien de Stendhal, qui est souvent plus proche de cette sensibilité élégiaque qu'il ne l'est du réalisme de Balzac. C'est peut-être l'influence de cette littérature sentimentale venue du Nord que Stendhal ne voulait pas révéler à son confrère lorsqu'il expliquait qu'il avait eu un modèle pour Sandrino et pour Clélia .

---

45   Stendhal, *Oeuvres intimes*, II, p. 564 (*Vie de Henri Brûlard*).

LE TEXTE

Nous reproduisons le texte de l'histoire d'Eléonore tel qu'il se trouve dans la Bibliothèque britannique, (tome 43, numéro 3, pp. 329-88), où Stendhal le lut en mars 1810. En janvier et en février 1810 le périodique genevois avait déjà publié deux extraits du roman, annoncés de la façon suivante: 'ROMANS. THE ENGLISH BROTHERS. *Les Frères Anglais, ou anecdotes sur la famille Howard.* Roman en 4 volumes. Londres, 1809.' Nous avons modifié l'orthographe en remplaçant les pluriels en '-ens' et en '-ans' et les imparfaits en '-oit' par les formes modernes. Le trait d'union qui divisait les mots comme 'tout-à-coup' et 'très-vite' a été supprimé. Nous avons remplacé 'sçut' par 'sut', 'sanglotter' par 'sangloter', 'foiblesse' par 'faiblesse', 'sincérement' par 'sincèrement', 'allames' par 'allâmes', 'fumes' par 'fûmes', 'ame' par 'âme', 'nû' par 'nu', et 'Ste. Marie par 'Sainte Marie'. Nous avons conservé la ponctuation de l'original.

Le périodique supprime une grande partie du roman des *Frères anglais* afin de mettre en relief l'histoire d'Eléonore. Le rédacteur explique (p.388) que l'épisode italien constitue la meilleure partie d'un roman qui finit par decevoir le lecteur: 'L'intérêt déjà affaibli par celui de l'épisode, languit ensuite, au lieu de s'accroître. Il y a plusieurs acteurs inutiles, trop de petits événements, peu de variété dans les incidents, peu de magie dans les tableaux; les digressions et les réflexions sont froides; les passions n'ont pas toujours le développement le plus naturel; mais les sentiments sont louables, le dialogue est facile, la tendance morale est bonne: en tout, ce roman est du petit nombre de ceux qui méritent d'être avantageusement distingués.'

BIBLIOGRAPHIE

Sources primaires:

Bibliothèque britannique ou Recueil extrait des ouvrages Anglais périodiques et autres: Genève, 1796-1815.
La Décade philosophique, littéraire et politique: Paris 1794-1807.
Mercure de France, littéraire et politique: Paris, 1800-14.

Editions des oeuvres de Stendhal:

Correspondance, préface par V. Del Litto, Paris: Gallimard, 1962-1968, 3 vols.
Romans et nouvelles, texte établi et annoté par Henri Martineau, Paris:Gallimard,1961.
Œuvres intimes, édition établie par V. Del Litto, Paris: Gallimard, 1981.
La Chartreuse de Parme, texte établi par Henri Martineau, Paris: Garnier, 1961.
La Chartreuse de Parme, texte établi, annoté et préfacé par Ernest Abravanel, Paris: Cercle du Bibliophile, 1969
La Chartreuse de Parme, Chronologie et préface par Michel Crouzet, Paris: Garnier-Flammarion, 1964.
La Chartreuse de Parme, Postface et notes de Béatrice Didier, Paris: Gallimard, 1972.

Ouvrages critiques:

Berthier, Philippe, *Stendhal et la sainte famille*, Genève: Droz, 1983.
Blin, Georges, *Stendhal et les problèmes de la personnalité*, Paris: José Corti, 1958.
Boll-Johansen, Hans, *Stendhal et le roman*, Aran: Editions du Grand Chêne, 1979.
Crouzet, Michel, *Stendhal et l'italianité*, Paris: José Corti, 1982.
Crouzet, Michel, *La Poétique de Stendhal*, Paris: Flammarion, 1983.
Dédéyan, Charles, *L'Italie dans l'oeuvre romanesque de Stendhal*, Paris: Sedes, 1961.
Del Litto, V., *La Vie intellectuelle de Stendhal*, Paris: Presses Universitaires de France, 1959.
Durand, Gilbert, *Le Décor mythique de La Chartreuse de Parme*, Paris: José Corti, 1961.
Gunnell, Doris, *Stendhal et l'Angleterre*, Paris: Bosse, 1909.
Hamm, Jean-Jacques, *Le Texte stendhalien*, Sherbrooke: Naaman, 1988.

Jefferson, Ann, *Reading realism in Stendhal*, Cambridge: Cambridge University Press, 1988.

Landry, François, *L'Imaginaire chez Stendhal*, Paris: L'Age d'Homme, 1982.

McWatters, Keith, *Stendhal lecteur des romanciers anglais*, Lausanne: Editions du Grand Chêne, 1968.

Michel, François, *Fichier stendhalien*, Boston: G.K. Hall, 1964.

Nehrlich, Michael, *Apollon et Dionysos ou la science incertaine des signes*, Marburg, Hitzeroth, 1988.

Pearson, Roger, *Stendhal's violin: a novelist and his reader*, Oxford: Clarendon Press, 1988.

Scheiber, Claude, *Stendhal et l'écriture de 'La Chartreuse de Parme'*, Paris: Lettres modernes, 1988.

Staël, Madame de, *De la littérature*, Paris: Flammarion, 1991.

Thompson, Christopher, *Le Jeu de l'ordre et de la liberté dans 'La Chartreuse de Parme'*, Aran: Editions du Grand-Chêne, 1982.

La Chartreuse de Parme revisitée, textes réunis par Philippe Berthier, Grenoble: Recherches et Travaux de l'Université Stendhal-Grenoble III, 1991.

Articles:

Bochem, Daniel, 'Stendhal cryptographe', *Stendhal Club*, 31 (1989), pp.282-88.

Bolster, Richard, 'Sandrino retrouvé: la fin d'un mystère stendhalien', *Revue d'histoire littéraire de la France*, 94 (1994), pp.231-40.

Guinard-Corredor, Marie-Rose, 'Sandrino et le roman de l'avenir', *Stendhal Club*, 30 (1988), pp.279-85.

Landry, François, 'Le crime dans La Chartreuse de Parme', dans *Stendhal, l'écrivain, la société, le pouvoir*: Colloque de Grenoble, 1983, textes recueillis par P. Berthier, Grenoble: Presses Universitaires de Grenoble, 1984, pp. 329 -44.

Matsubara, Masaoki, 'Le retour au pays de la mère', *Stendhal Club*, 32, (1990), pp.259-67.

HISTOIRE D'ELEONORE DE PARME

[Note de Richard Bolster:

La *Bibliothèque britannique* donne ce résumé de l'épisode qui précède l'*Histoire d'Eléonore*.]

Lady Gertrude, personne aimable et excellente, fille d'un lord irlandais, a fait un mariage d'inclination. Elle a épousé Mr. Howard, contre l'avis de son père. Ils se sont retirés dans le Hampshire. Leur fils est allé faire sa fortune aux Indes. Leur fille unique accompagne ses parents dans un voyage de santé que fait Lady Gertrude avec Mr. Howard. Celui-ci rencontre à Lyon un camarade d'école, Mr. Lindsey, qui est gouverneur des deux fils du duc de Cathmore, et voyage avec eux. Ces deux jeunes gens sont les héros du roman. (...) Les Howard vont s'établir dans une campagne auprès de Naples, et à une petite distance du couvent de Sainte Marie, dans lequel ils mettent Caroline en pension. L'abbesse de ce couvent était une soeur du duc de Parme. Celui-ci, en relation avec Mr. Howard, lui avait donné une lettre pour l'abbesse. C'était une faveur particulière que d'être admise comme pensionnaire à Sainte Marie; et les jeunes filles des plus grandes familles n'y étaient reçues que par des recommandations spéciales. L'abbesse était une femme de quarante ans, encore belle, qui avait été mariée deux fois. Elle avait le ton et les manières les plus nobles, et une grande réputation de piété. Une mélancolie habituelle et des accès fréquents de désespoir, faisaient soupçonner qu'elle cachait de profonds chagrins. Elle s'attache tendrement à Caroline pendant près de deux ans que celle-ci passe au couvent pour achever son éducation. (...) Caroline, âgée de dix-sept ans, était une beauté anglaise dans sa perfection. Elle était grande, adroite et légère. Quoiqu'elle fût brune, elle avait le teint blanc, pur, et la peau transparente. Les mouvements de ses beaux yeux noirs étaient doux et lents; de longs cils les ombrageaient, et donnaient à son regards quelque chose de plus pénétrant. Tout était grâce et sensibilité dans sa physionomie. Si elle parlait, si elle souriait, si elle écoutait avec intérêt, on sentait qu'une belle âme animait tant de charmes. Il n'y avait point d'art chez Caroline: elle était la candeur même. Elle savait qu'elle était belle; mais elle ne mettait de prix à cet avantage que comme une recommandation des qualités plus réelles et plus durables. Son temps n'avait point été absorbé par les talents d'agrément; et sa rare capacité d'application lui avait valu une instruction plus étendue et plus solide que la plupart des femmes n'en acquièrent. L'expérience lui manquait encore: ses tristes leçons ne peuvent être remplacées; et tous, plus tôt ou plus tard, nous passons à l'école de ce grand maître. Voici la scène de la séparation de Caroline et de l'abbesse de Sainte Marie:

La veille du jour fixé pour le départ, la famille Howard, lord William et Mr. Lindsey se rendirent au couvent de Sainte Marie, pour prendre congé de l'abbesse. On les fit attendre quelque temps au parloir; après quoi la soeur Agnès vint, de la part de l'abbesse, les assurer de ses voeux les plus sincères pour leur santé et leur bonheur. Elle était fâchée de ne pouvoir recevoir personne; mais elle demandait instamment d'embrasser sa chère Caroline. Elle leur envoyait sa bénédiction, s'il était permis à une pauvre pécheresse d'exprimer de cette manière son désir de les savoir heureux. La soeur Agnès prit la main de Caroline pour la conduire vers l'abbesse. Elle avait le coeur serré. Elle avait peine à retenir ses larmes, à l'idée de se séparer pour jamais de son excellente protectrice. Elles trouvèrent l'abbesse assise dans un fauteuil. Elle fit signe à sa favorite de s'approcher d'elle, et à la soeur Agnès de s'éloigner.

'J'espère,' dit-elle, 'mon enfant, que votre aimable mère et vos amis me pardonneront de ne les avoir pas reçus. Me séparer de vous est un chagrin trop amer pour que je puisse faire attention dans ce moment aux petites convenances sociales. Asseyez-vous à côté de moi, ma chère fille,' ajouta-t-elle en pressant la main de Caroline. 'Recevez mes remerciements les plus tendres. Vous et Thérèse avez été pour moi deux anges de paix et de consolation. Votre société, et le soin de votre instruction à l'une à l'autre, m'ont sauvée du désespoir.'

'Mon aimable Caroline, souvenez-vous toujours des leçons de l'infortunée abbesse de Sainte Marie. Veillez, mon enfant, sur toutes vos actions. Croyez-moi quand je vous dis, qu'avec les dispositions les plus aimables, vous pouvez vous égarer. Défiez-vous de votre propre coeur; craignez sa sensibilité, et gardez-vous des passions, si vous voulez traverser la vie en suivant la route du devoir. Eh! de quel prix est une existence que le remords empoisonne! Il n'est plus de repos pour qui a connu le crime. Mais surtout, ô ma fille, gardez-vous de l'amour! cette passion trompeuse[1] nous promet de nous élever jusqu'à la pureté des anges, et nous avilit trop souvent au-dessous de notre nature. Combien de femmes qui semblaient nées pour être la gloire de leur sexe, et qui en sont devenues la honte par

---

[1]   Clélia Conti dira: 'Quelle horrible passion que l'amour! Et cependant tous ces menteurs du monde en parlent comme d'une source de bonheur!' Après avoir administré une dose de laudanum à son père, elle s'écriera: 'Et c'est l'amour qui m'a conduite à tous ces crimes! Comme Eléonore, elle se verra 'frappée d'une juste punition.' *La Chartreuse de Parme* (p. 287, p. 389, p. 508). La vie des deux héroïnes se termine dans la tristesse et la culpabilité.

les égarements qu'entraîne l'amour!' L'abbesse s'arrêta, parce que sa voix s'altérait; elle parut avoir besoin de quelques moments de recueillement. Le coeur de Caroline battait avec force. Elle ne comprenait pas que l'amour pût rien inspirer de vil et de criminel: il lui paraissait nécessairement associé à la vertu la plus pure, et à tous les sentiments qui font l'honneur de l'humanité.

Après un silence, pendant lequel l'abbesse pressait Caroline dans ses bras, elle ouvrit un tiroir qui était à sa portée, et y prit un collier de diamants qu'elle donna à sa jeune amie. Un coeur transparent était suspendu à ce collier. 'Voilà, ma chère fille, lui dit-elle, l'image de votre coeur. Conservez-lui sa parfaite transparence. Portez ce symbole d'innocence et de vérité, pour l'amour de moi. Et si jamais vous étiez tentée de mal faire, souvenez-vous de votre amie, de votre mère d'adoption, de la malheureuse abbesse de Sainte Marie. Elle vous confesse aujourd'hui avec honte que le crime et le malheur l'ont conduite dans cette retraite. Je vous laisserai pour votre instruction l'histoire de mes fautes et de mes infortunes. Promettez-moi que vous ne me jugerez pas avec trop de rigueur. Lorsque vous reverrez Thérèse, parlez ensemble de l'abbesse de Sainte Marie, qui, de ce moment, n'admettra plus en sa présence aucun être vivant étranger à cette retraite, et qui va passer le reste de ses jours dans la mortification et la pénitence'.

Caroline, très émue, jeta ses bras autour du cou de l'abbesse, et baisa ses joues, en les mouillant de larmes. Elle la remercia tendrement de ses soins, l'assura que ses instructions ne seraient point perdues, et que jusqu'à son dernier moment, elle conserverait un sentiment vif de ses bontés. - 'Vous prierez pour moi, n'est-il pas vrai, ma bonne Caroline? les prières de l'innocence attirent du ciel la bénédiction et les pensées consolantes.'

Miss Howard craignit que l'abbesse ne fût menacée d'un de ses accès de nerfs, et elle voulut appeler la soeur Agnès. 'N'appelez pas, ma chère Caroline,' lui dit-elle, 'J'ai une commission à vous donner. Mr. Lindsey est-il venu avec vous?' Caroline dit qu'oui. 'C'est un excellent homme,' reprit-elle: 'j'ai un grand respect pour lui. Je l'ai beaucoup connu; mais j'ai des raisons particulières pour craindre sa rencontre[2]. Je voudrais pourtant qu'il sût combien je l'estime, et qu'il voulût en accepter une preuve.' En disant ces mots, elle prit dans un tiroir secret une belle boîte d'or. Elle parut hésiter et craindre. Elle tremblait, et son visage pâlit comme si elle allait s'évanouir. Elle resta un moment immobile, ses yeux se remplirent de larmes; puis elle dit d'une voix émue: 'Il faut que je l'ouvre encore une fois! Ah depuis combien d'années!... Oserai-je?...' Ses sanglots l'étouffaient. Caroline effrayée la conjura de se calmer, et tendit la main pour prendre la boîte qui paraissait causer son agitation.

---

2   Mr Lindsey connaît la vie antérieure d'Eléonore.

'Oui, prenez-la,' dit l'abbesse, 'Remettez-la à Mr. Lindsey, en l'accompagnant de mes voeux pour son bonheur.' Elle allait lâcher la boîte. Tout-à-coup elle la retire, l'ouvre, baise un portrait[3] qui était en-dedans, et en s'écriant, 'Pardon! Pardon!' elle tombe sur le sopha, et la boîte glisse de ses mains.

Miss Howard tremblait d'émotion et de crainte. L'abbesse se remit un peu, et se couvrant les yeux de sa main, elle dit à Caroline: 'Prenez la boîte, ma chère enfant: je ne peux pas en supporter la vue.' - Miss Howard mit en effet la boîte dans son sac à ouvrage, et conjura l'abbesse de se calmer un peu, en ajoutant de tendres caresses à cette prière. La soeur Agnès vint peu après annoncer l'heure du service. L'abbesse se leva et dit à Caroline en l'embrassant et en versant des larmes: 'Me séparer de vous, ma fille, est une affreuse épreuve pour moi.' Caroline sanglotait, et n'avait point de paroles. Elles se séparèrent. L'abbesse était voilée, et marchait d'un pas ferme, sans se retourner vers Miss Howard, qui espérait toujours un dernier signe d'intérêt. Elle semblait avoir dit adieu au monde entier, en se séparant de sa jeune amie. En entrant dans la chapelle, elle se jeta à genoux sur le pavé de l'autel, et fixant les yeux sur un crucifix qu'elle tenait dans sa main, elle demeura dans la même attitude pendant tout le service. La soeur Agnès l'accompagna ensuite jusqu'à son appartement où elle s'enferma pour être seule le reste du jour.

[Note de Richard Bolster: La vie antérieure d'Eléonore sera révélée quelques épisodes plus tard dans le roman des Frères anglais, lorsque Caroline recevra la nouvelle de la mort de son amie, et un manuscrit qui contient le récit de sa vie.]

LE RECIT D'ELEONORE

Vous connaissez ma naissance, et l'homme excellent que j'appelais autrefois mon frère. Nous fûmes les seuls enfants du dernier duc de Parme[4]. Mon frère était mon aîné de six ans. Nous étions nés tous deux dans le palais de mon père à Parme. Je fus nommée Eléonore, du nom de ma mère, la femme la plus belle et la plus accomplie de son temps. Elle était Vénitienne, et appartenait à une des familles les plus illustres de la république. Son frère, établi dans le territoire de Venise, eut deux fils, et

---

3 Il s'agit du portrait de son enfant mort.
4 Allusion possible au duc Philippe de Parme, à qui son fils Fernando succéda en 1765.

plusieurs filles. Le plus jeune des deux nommé Fernando, était à-peu-près
de l'âge de mon frère, et ma mère l'invitait souvent à venir demeurer chez
elle à Parme. Les deux cousins se lièrent intimement, et ne pouvaient plus
souffrir qu'on les séparât. Mon oncle, qui avait une prédilection singulière
pour son fils aîné, abandonna tout-à-fait l'éducation de Fernando aux soins
de ma mère. Elle l'aimait à l'égal de ses enfants. Comme elle vivait presque
constamment dans son intérieur, elle s'occupait plus de notre éducation que
ne le font d'ordinaire les femmes de son rang. Six ans de différence dans un
âge si tendre sont beaucoup: mon frère et mon cousin étaient des hommes
faits avant que je fusse moi-même sortie de l'enfance. A l'âge de douze ans,
je promettais une beauté parfaite. Vous, ma chère amie, qui ne m'avez vue
que déchue de ma gloire, éprouvée, amaigrie par les chagrins et les
pénitences, portant sur mon visage les traces de la douleur et du remords,
vous ne pouvez point vous représenter ce qu'était l'Eléonore de Parme. Je
paraissais formée de la main des grâces. J'étais belle, et le charme de
l'innocence m'embellissait encore[5]. J'étais douée de tous les talents qui
captivent. Si je dansais, si je chantais, si je touchais ma lyre, je fixais tous
les regards, et j'entraînais les coeurs et les suffrages. J'étais prévenue, louée,
admirée. Ma mère m'aimait avec transport. Mon père adoucissait pour moi
sa sévérité habituelle. Je flattais son sentiment, son goût, sa vanité, et
j'avais presque seule le privilège de dérider son front.

J'avais à peine quatorze ans, et le duc mon père avait déjà refusé pour
moi l'alliance de plusieurs seigneurs d'Italie. Césario et Fernando étaient
alors depuis deux ans au service d'une puissance étrangère, et n'étaient
point revenus à Parme. Je languissais de les revoir car je les aimais comme
si l'un et l'autre eussent été mes frères: le coeur libre d'ailleurs de toute
inclination, je me faisais un jeu de la douleur ou du désespoir que
montraient les prétendants, à mesure qu'ils étaient refusés par mon père. Il
m'arrivait souvent de m'amuser à imiter auprès de ma mère leurs tons
langoureux, leurs expressions passionnées, qui ne me semblaient que
ridicules. Hélas ! ils furent bientôt vengés !

Le jour où l'on attendait à Parme mon frère et mon cousin était celui de
l'anniversaire de ma mère. Les apprêts d'une fête brillante étaient faits au
palais ducal, et ma mère ne négligea rien pour me faire paraître avec l'éclat
le plus avantageux à ma beauté. Elle-même, qui était encore fort belle, se
mit ce jour-là avec une extrême simplicité. Au milieu d'une assemblée où
les femmes étaient couvertes d'or et de pierreries, ma mère, en robe blanche
unie, n'avait pour tout ornement que des bracelets de perles qui faisaient
valoir la beauté de ses bras. Sa figure imposante et douce, ses mouvements
calmes et gracieux, la majesté de son port et de sa démarche, donnaient

---

5   Clélia Conti aura la même beauté et les même grâces. Les héroïnes étaient souvent idéalisées dans
une littérature romanesque désireuse de plaire aux lectrices.

l'idée de la chaste déesse, lorsque transportée au firmament, elle parcourt avec une pompe modeste les régions éthérées. Je rappelle cette circonstance parce qu'elle est encore parfaitement présente à mon souvenir, et que cette impression fut la même sur tous ceux qui assistèrent à la fête. Césario mon frère, et Fernando mon cousin, qui avaient obtenu un congé pour la fête de ma mère, arrivèrent avant que l'assemblée fût formée. Mon frère entra le premier, il courut se jeter dans les bras de ma mère. Elle le pressa contre son coeur, et il me serra ensuite dans ses bras, avec la même tendresse. Ma mère embrassa Fernando comme son fils; mais lorsqu'ensuite Fernando[6] s'approcha de moi pour me faire son compliment, il fut si frappé du changement qui s'était opéré dans ma taille et dans mes traits qu'il rougit beaucoup et, se retournant vers ma mère, il s'écria: 'Est-il bien possible que ce soit Eléonore !' Je lui tendis la main en souriant et lui dis 'Mon cousin, vous ne vous souvenez plus de moi, mais je ne vous ai point oublié.'

Il saisit ma main, qu'il baisa avec vivacité à trois reprises. Je sentis qu'il tremblait d'émotion et cette émotion gagna mon coeur avec la promptitude de l'éclair. De ce moment, mes affections furent fixées à jamais. Je retrouvais l'aimable compagnon, le protecteur des jeux de mon enfance, celui dont l'âme sensible, noble, élevée, le caractère droit et sûr, me donnaient l'idée de la perfection morale; et qui joignait tous les avantages extérieurs aux qualités et aux vertus qui font la vraie gloire de l'homme[7]. Il m'aimait: son trouble, son regard, son silence même, tout en lui me le disait avec une irrésistible éloquence.

Je jetai les yeux sur ma mère, elle nous regardait avec tendresse, et je crus la voir sourire à nos impressions.

Mon père reçut mon frère et mon cousin avec amitié; mais les témoignages de sa sensibilité étaient toujours fort retenus. Il était d'un caractère sombre et peu expansif: ma mère était la seule personne qui eût pris de l'empire sur lui, et eût réussi à modifier son humeur.

Le repas fut nombreux et splendide. J'étais entre mon frère et mon cousin. Vis-à-vis de moi était un homme qui m'embarrassait de temps en temps en me fixant avec une attention marquée. C'était le marquis de Lucques, homme de trente ans, d'une fort belle figure, et remarquable par la noblesse de ses manières.

Après le dîner, comme le temps était fort beau, la compagnie se dispersa dans les jardins de mon père, qui étaient vastes et ornés. Parmi plusieurs temples et pavillons de ces jardins, il y en avait un qui était entouré

---

6   Fabrice est frappé par la beauté de Clélia, revue après plusieurs années de séparation: 'Comme elle est embellie, pensa-t-il, depuis notre rencontre près de Côme! quelle expression de pensée profonde!'; 'il était ravi de la céleste beauté de Clélia, et son oeil trahissait toute sa surprise'. *La Chartreuse de Parme*, (p. 280; p. 281).
7   Fabrice aussi est idéalisé par Clélia: 'Quel air noble au milieu de ces êtres grossiers!' (p. 281). Dans les deux romans l'amour fatal naît rapidement.

d'orangers et devant lequel coulait une belle fontaine. C'est là que nous avions coutume de passer, avec mon frère et mon cousin, les heures les plus chaudes de la journée; nous y faisions de la musique et des lectures; et souvent ils s'y enfermaient pour étudier, lorsque je les fatiguais de mes espiègleries.

Ce pavillon était dans la partie la plus élevée du jardin, et la plus éloignée du palais de mon père. Ce fut le dernier endroit où l'on alluma l'illumination qui éclairait les diverses parties des jardins. Après avoir parcouru différentes promenades, Fernando, mon frère et moi, nous approchions de ce pavillon, lorsque mon frère se souvint tout-à-coup qu'il avait oublié un ordre de mon père et nous quitta pour retourner au palais, en disant qu'il allait nous rejoindre au pavillon. Il était presque nuit. Fernando et moi nous gardions le silence. J'avais une sorte de scrupule de me trouver seule avec lui et je voulais rejoindre la compagnie; mais Fernando me dit d'une voix altérée: 'Montons l'escalier du pavillon pour voir l'illumination.' Je ne répondis rien, mais je le suivis. Il prit ma main et me fit asseoir, puis, se jetant à mes pieds tout-à-coup, il se mit à sangloter, en pressant ma main dans les siennes, et l'appuyant contre son front.

Etonnée, et effrayée de sa douleur, je lui dis avec intérêt: 'Qu'avez-vous, Fernando? Vous est-il arrivé quelque malheur?'

'Vous m'avez accusé de vous avoir oubliée. Comment vous peindrai-je l'impression que j'ai reçue en vous voyant! Je sens que mon sort est décidé pour la vie, et cependant je n'ai point d'espérance.'

Les sanglots lui coupèrent la voix, et il continua à presser ma main contre son front, son coeur et ses lèvres.

Je ressemblais à une des statues dont nous étions entourés et je demeurais immobile et muette. Enfin je lui dis: 'Pourquoi désespérer, Fernando?'

'Suis-je assez heureux pour que vous ayez pitié de moi?' s'écria-t-il avec vivacité.

'Au nom du ciel,' lui dis-je 'soyez plus calme. Vous voyez combien nous sommes tous heureux de vous revoir, pourquoi donc ces plaintes sur l'avenir?'

'Hélas, parce que je connais les desseins du duc votre père. Il vous regarde avec raison comme le plus brillant parti de toute l'Italie, et il est ambitieux d'honneurs et de richesses. Quelle espérance puis-je concevoir, moi, cadet de famille, sans titre et sans fortune?'[8]

'Je crois entendre quelqu'un,' m'écriai-je, 'éloignez-vous, Fernando, que dira-t-on, si l'on nous trouve ici.'

---

8   On retrouve une situation analogue dans *La Chartreuse de Parme*: 'Et moi je suis si pauvre! se disait Fabrice, quatre mille livres de rente en tout et pour tout! c'est vraiment une insolence à moi d'oser être amoureux de Clélia Conti (...)' (p. 414.)

C'était mon frère qui accourait à la hâte pour m'avertir que mon père s'étonnait de mon absence, et me demandait pour ouvrir le bal avec le marquis de Lucques. Il dit à Fernando que ma mère l'attendait dans le salon octogone; et il m'emmena à la hâte par une autre allée. Le marquis de Lucques m'attendait en effet pour me proposer de danser. Avant que de me quitter, mon frère me dit tout bas de prendre courage, que je danserais aussi avec Fernando, qu'il aurait un mot à me dire avant souper.

Le marquis était aimable, fort poli, et dansait à merveille; mais, lorsque mes yeux rencontraient les siens, j'éprouvais une secrète terreur[9] que je ne puis décrire. Je ne répondais qu'en tremblant à ses compliments et à ses questions.

Lorsque j'eus fini de danser, je m'assis et mon père vint à moi. Il me dit en me frappant doucement sur la joue, comme c'était son usage, que j'avais dansé à merveille, puis il ajouta: 'Ne trouves-tu pas que le marquis de Lucques est un homme agréable?' Cette question me donna un mouvement d'effroi et je répondis en balbutiant que je ne pouvais pas en juger sur une connaissance de quelques minutes.

Un moment après, Fernando vint me proposer de danser, et mon frère trouva moyen d'arranger que nous danserions toujours ensemble jusqu'à souper. Fernando saisit tous les moments favorables pour me répéter qu'il était à moi pour la vie, et je ne cherchai point à lui cacher combien j'étais heureuse de cette assurance. Mon frère eut encore l'adresse de me placer à souper entre mon cousin et lui. Le repas se prolongea fort tard. On allait recommencer le bal lorsque ma mère se plaignit tout-à-coup d'une vive douleur de tête et, un instant après, elle tomba évanouie. L'alarme et l'inquiétude furent extrêmes. On l'emporta dans son appartement, où mon père, mon frère et moi la suivîmes. Ce fut là le début d'une maladie pendant laquelle Fernando le disputa à mon frère en soins et attentions pour elle. Je découvris en lui, en le voyant ainsi tous les jours, et à une telle épreuve, mille qualités aimables qui, sans cela, ne se seraient jamais développées pour moi au même degré.

Au moment où l'état de ma mère nous donnait l'espérance de la voir bientôt remise, elle reprit des maux de nerfs, avec des symptômes qui parurent extrêmement graves, et firent renaître toutes nos alarmes. Elle eut un intervalle de mieux, et demanda de me voir seule. Quand je fus auprès de son lit, elle me dit: 'Ma chère Eléonore, je suis prête de vous quitter. J'espérais que ce ne serait pas si tôt; mais la main de la mort est sur moi.'

Un froid glacial pénétra tous mes membres, et je jetai mes bras autour de son cou, en répandant des larmes. 'Contiens ta douleur, mon enfant,' reprit-elle, 'Laisse moi le sang-froid nécessaire pour m'expliquer avec toi.

---

9 Ce pressentiment indique l'influence du destin, qui joue un rôle important dans *La Chartreuse de Parme* également.

Sois calme et résignée, mon Eléonore, et écoute-moi. J'ai lu dans ton coeur, ma chère fille. Il s'est attaché à Fernando. J'ai suivi ton cousin dès l'enfance: c'est le meilleur et le plus noble des humains. Je désirais ardemment de vous voir unis; et, si j'avais vécu, peut-être aurais-je eu ce bonheur. Ton père a d'autres projets. Il aurait fallu du temps pour l'amener à ce que je désirais, et ce temps m'est refusé. Tu sais, mon enfant, que votre parenté est un grand obstacle à ce que vous soyez unis. J'ai chargé le respectable père Bénédict d'aller solliciter à Rome la dispense nécessaire. Les liens du sang m'unissent à Sa Sainteté, et Elle a consenti à lever tous les obstacles. Cette cassette que tu vois contient la dispense de la cour de Rome: elle contient de plus la donation que je te fais de mes terres de Venise, dans la supposition que tu épouses ton cousin: cette donation vous mettra l'un et l'autre à l'abri de toute dépendance, s'il arrivait que ton père, et même ton frère ne fissent rien pour toi.' Je voulus lui exprimer toute ma reconnaissance, mais elle m'interrompit pour ajouter les recommandations les plus fortes de me soumettre à la volonté de mon père, si les moyens doux et les représentations étaient inutiles. Elle insista pour que j'emportasse immédiatement la cassette dans ma chambre. Je revins me mettre à genoux auprès de son lit, où elle était assoupie. Fernando et mon frère entrèrent quelques moments après. Ma mère se réveilla, et fit signe à mon cousin de s'approcher. Elle prit sa main qu'elle joignit à la mienne. Fernando se jeta à genoux comme moi. Ma mère essaya de parler, mais elle fut saisie d'un évanouissement qui nous effraya tous. Mon père fut appelé; et ce fut en vain que nous nous empressâmes auprès de la malade. Elle reprit la connaissance, mais non point la parole. Elle nous fixa les uns après les autres d'un air calme et doux. Hélas! ce regard était un dernier adieu. Ses yeux s'arrêtèrent vers le ciel, puis se fermèrent par degrés, et elle s'éteignit comme une flamme qui manque d'aliment[10].

Je ne puis vous peindre par des paroles le désespoir où nous jeta la perte de ma mère. Mon père fut également plongé dans la plus profonde affliction. Pendant que j'étais accablée sous le poids de ce malheur, mon père avait fait repartir pour leur régiment mon frère et mon cousin; j'étais donc privée de tout moyen d'adoucissement à ma peine. Je reçus par un domestique de confiance une lettre de mon frère. Il me donnait avis que mon père tenait beaucoup au projet de me faire épouser le marquis de Lucques. Il me priait de disposer de lui, en tout ce en quoi il pourrait me servir. La lettre de Fernando était remplie des assurances les plus tendres et, à tous égards, telle que je pouvais la désirer.

Quatre mois s'étaient écoulés, sans que personne fût admis au palais du Duc. Mon frère et Fernando revinrent enfin à Parme, avec un congé de huit

---

10   La même métaphore est utilisée par Stendhal lorsque Blanès annonce qu'il va bientôt s'éteindre 'comme la petite lampe quand l'huile vient à manquer' (p. 181).

jours seulement. Nous pleurâmes beaucoup en nous revoyant. Toute la première journée se passa sans que Fernando eût un instant pour me parler seule. La nuit vint. Je me retirai dans mon appartement, et peu disposée à dormir, je renvoyai ma femme-de-chambre pour rester à la fenêtre de la pièce qui servait d'anti-chambre à mon appartement. Il faisait un beau clair de lune. Le vent chassait les nuages qui cachaient et découvraient alternativement cet astre. Plongée dans ma mélancolie habituelle, je suivais des yeux le mouvement des nuages, et mon imagination me transportait dans des mondes nouveaux, lorsque j'entendis frapper doucement à ma porte. Je tressaillis, et j'allai ouvrir. C'était mon frère et Fernando. J'eus une vive émotion de plaisir. Mon frère, menant Fernando par la main, me dit à voix basse: 'En dépit du sort, nous passerons quelques moments ensemble. Le duc est retiré dans son appartement, et nous croit endormis.' Il me fit ensuite asseoir entr'eux, et raconter ce qui s'était passé depuis la mort de ma mère. Mon frère m'expliqua alors qu'il avait eu un entretien avec mon père, et qu'il avait inutilement plaidé notre cause : que le duc lui avait imposé un silence éternel sur ce sujet, et lui avait annoncé que si je refusais de remplir l'engagement qu'il avait pris avec le marquis de Lucques, il était résolu de m'enfermer dans un couvent[11]. Je leur appris alors la conversation que j'avais eue avec ma mère mourante, la dispense obtenue, et le don que j'avais reçu d'elle.

'Gardons profondément ce secret,' dit mon frère: 'si mon père le savait, il ne pardonnerait point à ma mère dans son tombeau.' Fernando me conjura de chercher à gagner du temps, mais de ne point pousser à bout le caractère irascible de mon père. Dans toutes les conversations que nous réussîmes à avoir ensemble pendant le séjour qu'ils firent à Parme, Fernando me répéta qu'il serait moins malheureux de me voir la femme du marquis de Lucques, que de me savoir enfermée dans un couvent à cause de lui.

Lorsque dix mois se furent écoulés depuis la mort de ma mère, mon père vint un matin dans mon appartement. Il s'assit auprès de moi, et me dit qu'il s'occupait depuis longtemps des moyens d'assurer mon bonheur, en liant mon sort à celui d'un des hommes les plus distingués de l'Italie, pour la fortune, le rang et les qualités personnelles; qu'en conséquence, il avait pris avec le marquis de Lucques des engagements qu'il m'invitait à ratifier.

Je demeurai comme frappée de la foudre. Me jetant ensuite aux pieds de mon père, je le conjurai de ne pas me sacrifier. 'Que voulez-vous dire?' s'écria-t-il avec violence. 'Je vous donne l'un des hommes d'Italie qui porte le nom le plus illustre, qui est riche, puissant, aimable, et de la meilleure réputation, vous appelez cela vous sacrifier!'

'Mais, si je ne puis pas l'aimer.'

---

11 Le père de Clélia la menace de façon identique.

'Sottise romanesque!' reprit-il avec plus de violence encore. 'Je vous ordonne de vous taire, et d'obéir: vous avez deux mois. Vous vous marierez le premier de juin.'

'Je ne puis plus donner mon coeur au marquis: il appartient à un autre.'

'A un autre!' répéta-t-il avec rage. 'Vous avez disposé de vos affections sans mon consentement; vous serez renfermée dans un couvent, et je choisirai celui de tous où votre pénitence sera la plus dure.'

'Au nom de ma mère!' m'écriai-je.

'Que dites-vous de votre mère?' reprit-il d'un ton plus doux.

'Je dis qu'elle désirait de me voir unie à Fernando.'

'Vous en imposez!' reprit-il hors de lui-même. 'Vous la calomniez dans son tombeau. Il est impossible qu'elle eût voulu donner l'héritière de la maison de Parme à un homme sans titre et sans fortune. Mais je ne veux pas perdre ici mon temps à raisonner avec une folle. Tout ce que je puis vous dire, c'est que si vous vous obstinez, je ferai de vous un exemple.'

Il me laissa après ces paroles foudroyantes. Mes femmes qui survinrent me trouvèrent évanouie sur le parquet. Les soins qu'on me donna me rappelèrent à une espèce de stupeur, dont je fus tirée quelques heures après par un billet terrible de la main de mon père. Il me menaçait de sa malédiction, si j'osais lui désobéir; et il m'ordonnait de faire les honneurs du dîner à des étrangers.

Dans la confusion de mes pensées et de mes sentiments, j'écrivis à mon frère tout ce qui venait de se passer; puis, me rappelant le dernier voeu de ma mère, je m'habillai pour recevoir la compagnie dans le salon. J'y trouvai mon père encore seul; il me reçut avec tendresse et douceur, m'assurant que, si je voulais être raisonnable, je serais parfaitement heureuse. Je n'eus pas le temps de lui répondre. On annonça le marquis de Lucques avec sa mère et sa soeur. Sa mère était une personne fort polie et fort agréable. Elle me parla de mon mariage avec son fils comme d'une affaire arrangée et dont elle avait tout lieu de se féliciter. Je n'eus pas le courage de répondre un seul mot. La soeur du marquis, qui était elle-même au moment de se marier avec un noble Gênois, me parla avec la même prévenance. Le marquis se conduisit comme un époux accepté; mais il mit cependant dans ses manières et dans ses discours beaucoup de délicatesse et de ménagement[12].

Je fus à la torture pendant tout le repas, et aussitôt que nos hôtes eurent pris congé, je me sauvai dans mon appartement, où je pleurai à mon aise. Je passai une nuit affreuse et, dès que mon père fut levé, j'allai le voir pour lui renouveler mes supplications de la veille. Il me traita, s'il est possible, avec plus de dureté encore, et me laissa évanouie par l'effet des émotions violentes qui se succédèrent.

---

12   Dans le roman de Stendhal un rôle comparable est joué par le marquis Crescenzi.

Quelques jours se passèrent, et il m'arriva une lettre de mon frère, qui en contenait une autre de Fernando. Tous deux me pressaient de me soumettre à la volonté de mon père. Ils m'assuraient qu'il n'y avait aucun espoir de faire changer les résolutions du duc. Fernando se reprochait amèrement d'être la cause des malheurs qu'il prévoyait et des divisions qui allaient éclater dans ma famille[13]. J'étais dans les déchirements de l'incertitude et de la douleur, lorsque le respectable père Bénédict se présenta devant moi. 'Mon enfant,' me dit-il avec bonté, 'je suis venu dans ce moment d'épreuve pour vous consoler et vous conduire.' Il s'assit à côté de moi. Il me questionna et entra dans tout le détail de ma position. Il condamna mon père pour sa violence; et il me blâma de l'indulgence que j'accordais à mes propres passions, au risque d'amener les plus grands malheurs sur ma famille en désunissant le duc et mon frère, et en attirant sur ma tête la malédiction de mon père. Je couvris mon visage de mes deux mains, et je pleurai avec amertume. Je le suppliai d'employer toute son éloquence auprès de mon père pour éloigner ce fatal mariage.

'C'est impossible,' s'écria-t-il. 'J'ai tout essayé inutilement. Votre père a la force en main, et il en usera. Ma fille, je vous confie un secret affreux,' ajouta-t-il en baissant la voix. 'Fernando lui-même sera victime de votre obstination. Les mesures sont prises pour le faire enlever et enfermer dans un château fort en Calabre. Avec de l'or, il n'est aucune passion haineuse qu'on ne puisse satisfaire. Fernando est perdu si vous résistez, et vous-même serez renfermée pour la vie dans un couvent de la plus sévère discipline. Considérez, ma fille, que dans l'épreuve que Dieu vous envoie, vous avez un grand sujet de consolation. Le marquis de Lucques, qui vous est destiné pour époux, est un homme droit, honnête, et d'un caractère aimable. Vous pourriez difficilement vous associer à un homme qui méritât mieux votre estime, et votre affection; et je regarde comme impossible qu'il n'obtienne point à la longue ces sentiments de vous.'

Le danger que courait Fernando se présenta à mon imagination d'une manière si effrayante, les conseils du père Bénédict me parurent d'un si grand poids, que je pris enfin mon parti. Je lui dis que j'étais prête à me soumettre. Il m'approuva avec un transport de plaisir, et courut à mon père pour lui annoncer cette disposition. Mon père vint aussitôt, et me prodigua les caresses. Il me dit que je n'aurais pas lieu de me repentir de mon obéissance; il mit à ma disposition tous ses trésors. Dès le jour même, le marquis de Lucques fut reçu comme mon époux, sa famille me combla de caresses. Il me montra une affection sans bornes et, heureux de la certitude

---

13 Comme Fernando, Fabrice ne s'oppose pas au mariage de celle qu'il ne peut pas épouser: 'Clélia lui écrivit une lettre de dix pages: elle lui avait juré jadis de ne jamais épouser le marquis sans son consentement; maintenant elle le lui demandait, et Fabrice le lui accorda du fond de sa retraite de Velleja, par une lettre remplie de l'amitié la plus pure' (p. 470).

de m'appartenir, il ne parut point rechercher la véritable cause de la froideur que je continuais à lui montrer.

Même aujourd'hui, après le nombre des années qui se sont écoulées depuis ces affreux moments, je ne puis sans frémir me rappeler ce que j'eus à souffrir pendant l'espace de temps qui s'écoula entre le consentement et le jour de mon mariage. Ce fatal premier de juin, fixé pour la célébration, approchait. Je devais quitter Parme, immédiatement après mon mariage, pour aller habiter une terre du marquis de Lucques. La veille même du jour fixé pour la cérémonie, après avoir dîné tristement tête à tête avec mon père, je me retirai dans mon appartement, et je résolus de détruire les lettres que j'avais de Fernando: je considérais comme de mon devoir de ne conserver aucun objet matériel qui pût entretenir les sentiments que je voulais étouffer. Je pris dans un tiroir secret le paquet de ces lettres; je les pressai contre mon coeur, je les arrosai de mes larmes, et le courage me manqua lorsqu'il fut question d'anéantir ces témoignages d'amour. Je les cachai dans mon sein, et je résolus de les relire encore une fois dans ce même pavillon où j'avais reçu les serments de Fernando. Le temps était doux et serein. La nuit approchait, mais la lune se montrait déjà sur l'horizon. Je m'assis sur l'escalier du pavillon. Je tirai les lettres de mon sein, et je me mis à les parcourir autant que mes larmes pouvaient me permettre de distinguer les caractères. Enfin oppressée de sanglots, je m'écriai: 'O Fernando, mon cher Fernando! combien tu as été trompé!'

Quel fut mon étonnement lorsque j'entendis dans l'intérieur du pavillon des sanglots qui répondaient aux miens, et que je vis paraître Fernando lui-même qui me suppliait de lui pardonner de m'avoir surprise. Il avait voulu revoir encore une fois ce lieu chéri avant que je fusse engagée à un autre par des voeux solennels. Il me conjura de modérer mon chagrin, de me soumettre à l'impérieuse nécessité, de ne considérer que les avantages de l'union que j'allais former, enfin de demeurer digne de l'admiration, du respect et de l'éternel attachement qu'il m'avait voués. Je l'écoutais dans un morne silence, et je continuais à sangloter, et à répandre des larmes. Il s'empara de toutes ses lettres qui étaient éparses autour de moi; puis, me pressant tendrement dans ses bras, il m'exhorta encore une fois à rassembler tout mon courage, et à me conduire envers mon père et mon époux d'une manière digne de moi-même.

Il s'éloigna avec précipitation, et me laissa dans une espèce de stupeur qui ressemblait à un rêve. J'en fus tirée par la voix de mon père qui avait une conversation animée avec le marquis de Lucques, et qui s'approchait du pavillon. Je me dérobai à la hâte par un autre sentier, et je regagnai le palais.

Je passai une nuit affreuse. Les premiers rayons du jour furent pour moi ce qu'ils sont pour un criminel condamné au supplice. Je fus parée pour l'autel et conduite comme une victime à la cérémonie nuptiale. Mes forces m'abandonnèrent tout-à-fait lorsque je fus devant le prêtre. En revenant à moi, je me trouvai à l'entrée de l'église. Mon père me soutenait dans ses bras et le marquis, à genoux devant moi, témoignait sa tendresse et ses alarmes. J'eus un mouvement de honte de montrer tant de faiblesse. Je tendis la main à mon époux, et je me sentis la force de voir achever la cérémonie.

Julio, mon époux, m'emmena dans ses terres dès le lendemain de notre mariage. Il fut doux, bon, tendre et affectionné dans toute sa conduite envers moi. Sa fortune était immense, et il la prodiguait pour prévenir mes voeux. Sa société était aimable. Sans cesse occupé de me prévenir et de me plaire, il rassemblait autour de moi tout ce qui peut satisfaire l'esprit, les goûts, la vanité d'une femme qui avait été élevée dans des habitudes d'opulence et de grandeur. Hélas, ce semblant de félicité, toutes ces apparences qui en imposaient aux indifférents, ne pouvaient tromper mon coeur! Il était vide, froissé, contraint. L'image de Fernando sans cesse présente à ma pensée me jetait dans une distraction habituelle, dont Julio ne paraissait pas pénétrer la cause mais qu'il s'attachait à dissiper, en redoublant d'attention et de soins. Je sentais ce que je lui devais de reconnaissance, et combien il avait de droits à mon amitié, et cependant j'avais bien de la peine à lui en donner les plus faibles témoignages.

Trois années s'étaient écoulées depuis notre mariage, et nous n'avions point d'enfants[14]. Nous avions vécu alternativement à Parme et dans les terres de Julio. Mon frère était souvent venu faire des séjours chez le marquis, mais jamais il ne m'avait prononcé le nom de Fernando: celui-ci avait absolument évité de me rencontrer, et Julio n'avait aucune raison directe de soupçonner que je pusse en être occupée.

Je n'avais point encore vu Naples et le Vésuve. Je témoignai un jour quelque curiosité de faire ce voyage. Le marquis s'y prêta avec l'empressement qu'il mettait toujours à m'obliger, et nous partîmes pour Naples. La cour était fort brillante alors, et il y avait un grand mouvement de fêtes dans la société. Jeune et belle comme je l'étais, je trouvai beaucoup d'admirateurs. On fit ce qu'on put pour me faire imiter l'usage des femmes du pays, qui est d'avoir un sigisbée. Je montrai une extrême répugnance pour cette coutume; et lorsqu'on me pressait là-dessus, je répondais que Julio était le sigisbée le plus attentif et le plus aimable, et que je n'en voulais pas d'autre.

Une nuit pendant mon sommeil, et pour la première fois depuis mon mariage, Fernando m'apparut : je rêvai qu'il me surprenait dans le pavillon, et qu'il mêlait ses larmes aux miennes. L'impression de ce songe fut si profonde que pendant la journée entière, il absorba toutes mes pensées. J'assistai le soir au spectacle sans voir la pièce, sans entendre la musique,

---

14 Couple sans amour, couple stérile, comme Clélia et son mari.

sans me prêter à la conversation. Mes regards inquiets erraient sans projet dans les diverses parties de la salle. Tout-à-coup ils se fixèrent sur une figure qui était debout, enveloppée d'un manteau, à l'extrémité de l'orchestre. Je crus reconnaitre la tournure de Fernando. Mon coeur bondit dans ma poitrine, et je crus que la force de ses battements m'étoufferaient. Je demeurai la bouche ouverte et les yeux fixés sur cette figure qui semblait me regarder aussi. Mon mari me parla: je ne lui répondis point. Lorsque le spectacle fut terminé, je dis que je voudrais sortir immédiatement. Julio me représenta qu'il fallait laisser écouler la foule; mais j'insistai et je sortis seule de la loge sans savoir ce que je faisais. Dans le trouble où j'étais, le pied me manqua lorsque je fus sur l'escalier. Je tombai[15] et je glissai jusqu'au bas, où un homme me reçut et me releva. C'était Fernando lui-même. Il m'avait reconnue dans ma loge, et s'était placé au bas de l'escalier pour me voir passer. Nous ne parlâmes ni l'un ni l'autre. Julio, qui me suivait et qui m'avait vu tomber, survint presque immédiatement, et ne fut pas peu surpris de me trouver dans les bras de Fernando. Celui-ci me remit à mon mari en lui disant, sans paraître éprouver le moindre embarras: 'Je suis bien heureux de m'être trouvé là pour être utile à ma cousine. Je cours lui chercher un verre d'eau, et je suis ici dans l'instant.' Toutes mes idées étaient confuses, et j'étais prête à m'évanouir. Je me souviens cependant très distinctement de l'impression de terreur que je reçus des regards sombres et du silence de mon mari. Fernando reparut bientôt en apportant un verre d'eau, et lorsque je fus un peu remise de mon émotion, il me dit: 'Je suis bien heureux de vous avoir rencontrée, madame: il y a si longtemps que ne n'avais eu le bonheur de vous voir!' Il fit ensuite un compliment poli à mon mari, qui le lui rendit en l'invitant à souper. Fernando s'en excusa en disant qu'il quittait Naples le soir même, et qu'il était venu au spectacle, tandis qu'on préparait sa chaise de poste. Il me présenta la main pour gagner ma voiture, et il nous dit adieu sans que j'eusse pu articuler une seule parole. Nous gardâmes le même silence, mon mari et moi, quand nous nous trouvâmes tête à tête. Nous avions du monde à souper et, malgré le trouble qui m'agitait, je fus forcée de faire les honneurs de chez moi, comme si j'avais eu l'esprit et le coeur tranquilles.

Toute espérance, toute possibilité de bonheur étaient évanouies. Le feu mal éteint qui se conservait au fond de mon coeur, venait de se ranimer avec une irrésistible violence. La conduite délicate de Fernando me donnait un profond respect pour lui. Il ne m'avait point oubliée. Il se commandait une contenance froide et indifférente; mais j'avais senti sa main trembler dans la mienne; j'avais compris qu'il étouffait ses soupirs tandis qu'il me conduisait à ma voiture. Tant de générosité, un si noble sacrifice de lui-

---

15 Les présages et les actions symboliques jouent un rôle important dans *La Chartreuse de Parme* également. Clélia tombe dans les bras de Fabrice lors de leur première rencontre.

même pour assurer mon bonheur, augmentaient encore mon affection pour lui. Je revins sur tout le passé. Ma position me sembla le résultat d'une déplorable fatalité; et mon mari me parut l'être suscité par un destin contraire pour me condamner au malheur. Je le pris en une véritable aversion; son regard portait avec lui le reproche et m'était devenu insupportable; le son de sa voix me faisait frémir. Je l'évitais, je gardais le silence, lorsque j'étais forcée de le voir et, tourmentée sans cesse de déchirements douloureux, je m'inquiétais peu des conjectures que pouvait former sur mes sentiments et ma conduite un époux auquel la force m'avait soumise.

Un événement contribua encore à augmenter ce délire, qui était devenu mon état habituel. La mort du père de Fernando avait laissé le titre de duc, et des biens immenses au frère aîné de Fernando. Ce frère venait de succomber à une maladie de langueur. Fernando héritait du titre et de la fortune: il devenait un des seigneurs les plus puissants de l'Italie. Ce fut mon père lui-même qui me l'apprit quelque temps après notre retour à Parme. Il m'en parla avec une émotion et une contrainte qui me montraient assez combien il regrettait de s'être opposé à mes voeux. Je ne vis qu'avec une sorte de fureur concentrée ces mouvements d'un regret tardif chez mon père. Il m'avait sacrifiée à des chimères de vanité et la fortune semblait vouloir le punir d'avoir méprisé l'alliance de son parent et le penchant de mon coeur. Une sorte de satisfaction secrète de vengeance se mêlait à ma douleur. Mon âme s'accoutumait à nourrir des sentiments haineux, et mon esprit était sans cesse obsédé d'images sombres et de présages funestes.

Julio tomba malade. Je crus que c'était un artifice pour me forcer à lui donner des soins; mais sa langueur devint extrême; les médecins lui ordonnèrent un voyage en Suisse, et je l'accompagnai. Il m'insinuait souvent qu'il était malade du chagrin de ne pouvoir me rendre heureuse. Mais mon coeur était endurci, je ne pouvais prendre sur moi de lui donner les témoignages des sentiments que je n'éprouvais pas.

Pendant notre absence, mon père fut emporté par une maladie violente. Je sentis dans cette circonstance que les mouvements naturels reprenaient le dessus et, quoique l'ambition de mon père fût la cause fatale de l'état habituel d'irritation et de malheur dans lequel j'étais plongée, je pleurai sincèrement sa perte, et je regrettai que l'éloignement m'eût empêchée de lui donner les derniers soins.

Lorsque nous fûmes de retour à Parme, l'ancien médecin de ma mère, homme respectable par son caractère et par son âge, me demanda une conversation. Il m'assura que le rétablissement de mon mari dépendait absolument de ma conduite avec lui, et des sentiments que je lui montrerais. Il me parla avec tant d'onction, de force et d'autorité, il me représenta d'une manière si vive le dévouement et la délicatesse des sentiments de mon mari, le chagrin dont il était dévoré, et les devoirs qui me liaient à lui, que je résolus de faire tous mes efforts pour lui rendre la paix et la santé.

L'effet du changement de conduite que je m'imposai fut extrêmement sensible. Julio reprit de la sérénité et même, par moments, un peu de gaieté. Ses regards et ses discours m'exprimaient sa tendresse et sa reconnaissance. Le symptôme le plus alarmant qu'il lui restât de sa maladie était des évanouissements fréquents. Un jour qu'il reprit sa connaissance plus promptement qu'à l'ordinaire, il s'aperçut que mes yeux étaient pleins de larmes. Son regard se pénétra d'une expression de gratitude qui est encore présente à mon souvenir. 'Votre affection,' me dit-il d'une voix languissante et que je crois entendre encore, 'votre affection, Eléonore, est la seule chose qui puisse me guérir.'

Je fus touchée, pénétrée d'intérêt et de pitié. J'oubliai le sentiment habituel et dominant de mon coeur. Je me jetai au cou de mon mari et je lui dis, en répandant un ruisseau de larmes, que je ne voulais vivre que pour le rendre heureux.

Oh! ma chère Caroline, ne soyez point injuste envers votre malheureuse amie! Ne pensez point que ce fût là un acte de duplicité envers un époux que je trahissais. Tout ce que je lui montrai dans cette occasion, je l'éprouvais en effet; mais comment nombrer et définir toutes les contradictions du coeur humain, lorsqu'il est une fois dominé par une violente passion!... Ah! comment aurai-je le courage de procéder dans la narration des événements qui suivirent!... Mais il le faut... Le sacrifice même de cet aveu, l'humiliation profonde qu'il me cause, font partie de la pénitence qui m'est imposée."

Quelques jours après, la soeur de mon mari, arrivant de Venise, nous raconta les nouvelles de ce pays-là, et se tournant vers moi, elle me dit : "Votre cousin le duc de *** va épouser une des plus jolies personnes de Venise." Je fus extrêmement troublée, et je répondis: 'J'en suis bien aise.' Mais mon air démentait mes paroles; je devins pâle comme la mort, puis tout-à-coup je sentis que le sang se portait par torrents à mon visage, et que les palpitations de mon coeur m'étouffaient[16]. Je sortis de la chambre. Quand je rentrai, je trouvai Julio sombre et abattu, et toute la soirée il garda le silence.

Un mois se passa. Je n'osais interroger ni les autres ni moi-même, sur l'événement du mariage de mon cousin. Il devait y avoir un grand bal chez la marquise de Sallazzo. Je refusai d'y aller; mais mon mari me pressa si vivement d'y passer du moins une heure ou deux, que je fis ma toilette pour m'y rendre. Je trouvai ensuite que Julio était plus mal et je déclarai que je voulais lui tenir compagnie. Il insista. Il me dit que je lui ferais un véritable chagrin si je n'allais pas, et qu'il avait promis pour moi. Je m'acheminai

---

16   La jalousie inspirée par Anetta Marini incite Clélia à agir de façon décisive en renouant avec Fabrice.

donc à contrecoeur. Je trouvai l'assemblée formée et brillante. La vue de tant de gens gais, animés, et en apparence heureux, me serra le coeur: il me semblait que j'étais privilégiée pour souffrir, au milieu des scènes de félicité. Je passai tristement d'une salle à l'autre, jusqu'à la dernière, où je trouvai, avec une émotion incxprimable, mon frère et mon cousin. Le premier vint à moi et me dit: 'Je suis bien aise de vous voir dans le monde, ma soeur; le marquis est mieux, je suppose?' - 'Non,' dis-je, 'il est plus mal, au contraire, mais il a voulu que je vinsse.' - Fernando me salua sans parler, mais il me parut ému. Je ne pouvais plus me tenir debout, et je fus obligée de m'asseoir. Au lieu de s'approcher de moi, comme je m'y attendais, Fernando s'appuya contre une colonne, et se mit à me fixer d'un air mélancolique. C'était trop. Je ne pus y tenir. Mon coeur était plein. Je me retirai dans la salle du concert, et je m'assis dans un endroit où il n'y avait personne. La jalousie était entrée dans mon sein avec toutes ses fureurs. L'idée que Fernando en aimait une autre m'était insupportable. Je maudissais les noeuds qui m'avaient enchaînée. Mille projets, mille résolutions extrêmes s'offraient à moi; et les semences de l'envie, de la haine, de la vengeance, germaient au milieu des agitations de l'amour.

Tout le monde était occupé de la musique. Moi seule, les yeux fixés vers la porte, j'espérais et craignais de voir entrer Fernando. Il ne tarda pas à paraître. Mon premier mouvement fut de me lever pour le fuir. Je n'en eus point la force. Ma destinée me fixa, comme par enchantement, sur le siège où j'étais assise. Il vint se placer près de moi. Je jetai sur lui un regard de dédain. Il me fixa longtemps sans parler, puis il me dit d'une voix émue: 'Que pensez-vous de l'état du marquis, Eléonore ?'

Je fus surprise de sa question, et je lui répondis, 'Il a été mieux: mais aujourd'hui je le trouve plus mal. C'est lui qui m'a forcée à venir ici.'

'Votre frère m'assure qu'il est en danger: vous l'a-t-on dit ?'

'Non,' répondis-je, 'je ne crois point son état dangereux.' Il me fixa avec attention comme pour pénétrer ma pensée. Deux ou trois fois il parut prêt à parler et s'arrêta. Je n'osais pas respirer, il me semblait que je l'empêcherais d'articuler ses paroles. Il y avait en moi un trouble inconcevable, et je ne savais pas ce que j'aurais voulu qu'il dît. Enfin, voyant qu'il continuait à garder le silence: 'Je dois être surprise, lui dis-je, de vous voir à Parme, mon cousin. Je vous croyais à Venise, occupé des préparatifs de votre mariage.' Il rougit beaucoup, et me dit en hésitant: 'Il a été question d'un mariage en effet, mais il pourrait bien ne point se faire.' Dans ma surprise, je levai les yeux sur lui. Je me sentais rougir et pâlir tour-à-tour. Il était lui-même fort ému. Il prit ma main qu'il pressa dans la sienne; et, comme s'il eût craint d'être entraîné à montrer ses sentiments à découvert, il s'éloigna tout-à-coup, en me laissant convaincue que j'étais aimée.

Il est impossible de décrire le changement qui s'opéra en moi dans l'espace de quelques minutes. Tous les rêves de félicité, tous les prestiges de l'espérance fascinèrent mon esprit. Je retrouvais Fernando tel que je l'avais vu dans le délire passionné de mon imagination. Je venais d'apprendre que l'opinion des médecins était que Julio ne pouvait pas vivre. Le sort m'affranchissait, l'obstacle qui avait empêché l'accomplissement des voeux de ma mère et des miens allait être écarté, un monde nouveau s'ouvrait devant moi, et tous les enchantements de l'amour l'embellissaient.

Quand je me levai pour m'en aller, Fernando m'offrit sa main. Le bonheur de toucher cette main chérie m'enivrait. Je ralentissais mon pas pour l'abandonner plus tard. Je lui demandai s'il restait longtemps à Parme. Il me répondit: Je l'ignore moi-même, et il soupira profondément. J'étais prête à me trouver mal. En me quittant à la portière de ma voiture, il pressa ma main contre ses lèvres; et quand je me trouvai seule, mes larmes coulèrent en abondance.

Quand j'arrivai chez moi, je trouvai beaucoup d'agitation parmi les gens de la maison. On me dit que le marquis avait eu plusieurs évanouissements, que le médecin était auprès de lui, et paraissait en peine. J'entrai dans son appartement: je le trouvai pâle, abattu, ayant à peine sa connaissance. Le médecin dont j'ai parlé ci-dessus me prit à part et m'avoua qu'il le trouvait très mal. 'Je suis soulagé de vous laisser auprès de lui, ajouta-t-il, car je suis absolument obligé d'aller voir un malade qui se meurt. Il faut, me dit-il en me donnant une petite phiole, essayer ce remède violent. Je n'aurais pas osé le confier à un de vos gens. Il y a ici trois doses: il faut lui donner très exactement le tiers de ce que contient la phiole. S'il n'est pas mieux, vous lui donnerez le second tiers six heures plus tard, mais probablement je serai revenu avant ce moment-là.'

Le médecin partit en me répétant ses recommandations. Je ne me vis pas plutôt en possession de cette phiole, qu'une horrible tentation vint m'assaillir. La vie de Julio était entre mes mains. Je ne faisais qu'avancer un moment inévitable, et que tout le monde jugeait prochain. Je reprenais la liberté qu'il m'avait ôtée; la fortune mettait en mes mains ce moyen sûr et facile de m'affranchir, comme pour m'inviter à en user. Tous les démons de l'enfer semblaient occuper les avenues de mon entendement, et enchaîner les bons sentiments de mon coeur. Hélas! à quoi sert d'aimer la vertu, d'avoir eu dès l'enfance des exemples de droiture et d'honneur? A quoi sert d'avoir des principes, des habitudes de bienveillance et de charité, d'avoir une âme susceptible d'indignation pour tout ce qui est vice, d'enthousiasme pour tout ce qui est beau, si un seul instant suffit pour changer tout notre être, et si le souffle empoisonné des passions nous pousse ainsi tout-à-coup au plus grand des forfaits! O, ma Caroline, ma fille bien aimée! mettez en Dieu votre confiance, et ne cherchez qu'en lui votre force. Lui seul peut garder notre coeur à l'heure de la séduction, et nous défendre des illusions qui nous perdent!

Dans le délire où j'étais je cédai à l'occasion. Ma coupable main présenta à Julio une double dose de la boisson confiée à mes soins. Il ne l'eut pas plutôt avalée que mon étourdissement se dissipa; à peine je pus me représenter que je fusse en effet le monstre exécrable qui venait d'empoisonner le plus doux, le plus délicat, le plus indulgent des hommes: un époux qui ne m'avait montré d'autre désir que de me rendre heureuse! Je me fis horreur à moi-même. J'appelais sur moi la vengeance du ciel. Je me précipitai sur le corps de Julio qui paraissait mourant. Je fis appeler en hâte le médecin. J'aurais donné mille fois ma vie pour sauver mon malheureux époux.

Mes larmes, mes cris, les caresses que je lui prodiguais lui rendirent sa connaissance. Il parut sensible à ce qu'il prenait pour des témoignages d'amitié. Il me sourit. Il me regarda d'un air si tendre, que je détournai la vue comme pour échapper au remords qui me dévorait. Je perdis enfin connaissance, et lorsque je revins à moi, j'étais dans mon appartement, et on paraissait en peine de ma vie. Je m'informai de l'état de mon mari. Tout le monde garda le silence, et je compris que c'en était fait. Je tombai dans un état affreux, et je fus si malade, qu'on désespéra de moi.

Mon frère me soigna avec une extrême tendresse. Mon danger dura trois mois, pendant lesquels tout Parme fut occupé de mon état, et montra l'intérêt le plus vif à ma douleur. Pendant qu'on me donnait ces témoignages d'estime, j'étais en proie aux tourments de l'enfer. Fernando n'occupait plus mes pensées: c'était Julio seul que je voyais, que je regrettais, que je pleurais. Mon imagination me le représentait meilleur, et plus aimable encore qu'il ne l'avait été.

Je fus surprise de voir auprès de moi un médecin étranger. Je m'informai de l'ancien ami de la maison: il était malade. Lorsqu'il fut remis, je le fis prier de venir me voir. J'étais seule quand il arriva. Il s'approcha de mon lit, et me demanda ce que j'exigeais de lui. Son ton et son air me frappèrent de respect et de crainte. Je lui dis que j'étais fort malade, et que je voulais avoir ses avis. Il me répondit en me fixant d'un air sévère: 'Je ne connais point les remèdes de l'âme: vous avez besoin d'un confesseur, et non pas d'un médecin!' Je tremblais et baissais les yeux comme un criminel devant son juge. 'Eléonore, reprit-il, je vous ai vu naître, et je vous aimais comme mon enfant. Hélas! que vous avez mal suivi l'exemple de votre angélique mère!' - Je me vis découverte, et je fus saisie d'effroi; je joignis les mains, et le suppliai de ne pas me perdre. 'Ne craignez rien de moi, me dit-il: je ne vous trahirai point. Je vous aime encore à cause de votre mère. Ah ! elle est bien heureuse de n'avoir pas vécu pour voir sa fille tellement déchue et criminelle!' Ses larmes coulèrent en prononçant ces mots. Je voulus le retenir, mais il s'éloigna malgré moi. Je le fis demander plusieurs fois depuis : il ne reparut jamais.

Quatre mois s'écoulèrent dans le tourment des inutiles remords. Un matin que j'étais plongée dans les plus douloureuses réflexions, on m'apporta une lettre que je reconnus pour être de Fernando. Celle de mes femmes qui me la remit, me dit que le duc de *** était venu tous les jours deux fois depuis que j'étais malade. J'ignorais qu'il fût à Parme.

Sa lettre était tendre, respectueuse, et pleine de délicatesse. 'Nos coeurs, me disait-il, n'avaient point cessé de s'entendre;' mais il n'osait me presser pour l'accomplissement du voeu le plus cher à son coeur, cependant il me demandait d'être reçu comme mon parent et mon ami.

Cette lettre me jeta dans les anxiétés les plus douloureuses. J'eus l'idée de lui avouer mon crime, et de lui faire sentir, combien j'étais indigne du meilleur des hommes; mais la voix secrète de l'amour fut écoutée, et je permis à Fernando de venir me voir. Il fut frappé de mon abattement et de ma douleur. Il dut croire que j'avais aimé et que je regrettais Julio.

Je cherchai à racheter mon crime par des pénitences secrètes et rigoureuses. Je multipliai les actes de charité; je fis dire des messes pour l'âme de Julio. J'ordonnai qu'un magnifique monument lui fût élevé; et enfin, je me déterminai à un pèlerinage à Lorette. Ces actes de dévotion trompèrent jusqu'à un certain point ma conscience: je me sentis plus tranquille après les avoir achevés. Je retournai à Parme amaigrie et fatiguée, mais dans une assiette d'esprit plus calme. Fernando devint plus pressant et je consentis enfin à fixer l'époque de notre mariage.

Après notre union, nous passâmes quelques temps à Parme, et je crus pouvoir espérer encore des jours de bonheur. J'avais pour Fernando un enthousiasme d'amour qui ne peut se concevoir. Il remplissait tous mes sentiments et toutes mes pensées. Sa présence me donnait la sécurité et le calme que je reperdais en son absence. Quand il s'éloignait de moi, je pleurais le sort de Julio et mon crime.

Nous allâmes nous établir à Venise. Si le coeur de l'homme excellent que j'adorais, si toutes les jouissances que la fortune et un rang distingué peuvent donner, avaient suffi pour assurer mon bonheur, j'aurais été heureuse. J'avais besoin de m'étourdir pour ne pas me retrouver vis-à-vis de mes souvenirs. Mon mari paraissait quelquefois surpris de ce goût de dissipation qui m'entraînait.

Je devins mère. L'instant qui donna au duc un héritier de son nom sembla augmenter encore sa tendresse pour moi. Je résolus de nourrir mon fils, et de me donner tout entière à son éducation. Les doux devoirs de la maternité apportèrent une distraction heureuse à mes sombres pensées. Je me plus à croire que mon crime était expié par ma repentance, et je me laissais aller à l'espoir de voir mon fils se développer avec les vertus de son père et assurer notre félicité. Hélas! que les projets de bonheur son illusoires et vains, quand c'est le crime qui les a préparés! Je paraissais la femme du monde la plus heureuse et, quand je parvenais à me distraire, je l'étais en effet, mais ces moments étaient courts, et chacun des réveils de ma conscience était terrible.

Un soir, nous devions aller, le duc et moi, à une assemblée chez le Doge. Je résolus de mettre ce jour-là, plus de richesse dans ma toilette qu'à l'ordinaire. Mes femmes s'attachèrent à me préparer avec soin. Quand je fus habillée, je me trouvai belle, et je me flattai que Fernando en jugerait de même. Cependant, ainsi qu'il m'arrivait lorsque le contraste était trop grand entre ma position et ce que j'avais mérité, un présage sombre vint tout-à-coup occuper mon esprit, et il me semblait que j'étais menacée de quelque grand malheur. J'allai joindre Fernando qui était habillé, et qui m'attendait avec impatience dans le salon. Il me dit qu'il était déjà tard, et qu'il fallait descendre immédiatement à la gondole. Je ne pus me résoudre à quitter la maison sans avoir vu mon enfant. Je rentrai dans son appartement. On le couchait. Il était à demi-nu, souriant; il me tendit les bras, et je le pris pour le porter à Fernando dans le salon. J'y entrais à peine, quand tout-à-coup, la figure pâle et hideuse de Julio m'apparut entre mon mari et moi. Je poussai un cri horrible. Je lâchai mon enfant et je tombai sur le parquet; mais je ne perdis pas connaissance. Mes yeux demeurèrent attachés sur ce spectre terrible. Je me mis à genoux, et joignant les mains, je m'écriai avec une angoisse dont rien ne peut donner l'idée: 'Epargnez-moi! Epargnez-moi!' Le spectre s'éloigna peu-à-peu, en me fixant toujours d'un air menaçant. Lorsqu'il eut disparu, je m'évanouis.

Mon cri, ma chute, les gémissements de mon enfant avaient fait accourir mes femmes. On me donna tous les secours nécessaires pour rappeler ma connaissance, et quand je la repris, je vis Fernando qui pleurait à côté du sopha où l'on m'avait portée. Ne voyant point mon enfant, je le demandai. Fernando me dit de n'en pas être inquiète; que je m'étais trouvée mal tout-à-coup et qu'on avait emporté l'enfant. 'Non,' m'écriai-je avec désespoir, et en m'élançant vers l'appartement de mon fils. 'Je l'ai laissé tomber! Je l'ai tué!' Je le trouvai sur les genoux de sa nourrice. Un chirurgien l'examinait. Il était grièvement blessé à la tête, et n'avait pas sa connaissance. Mon état ne peut se dépeindre. J'étais dans un désespoir alternativement morne et frénétique. Mes yeux errants cherchaient sans cesse et redoutaient de rencontrer l'ombre qui m'était apparue. Les cris sourds de mon enfant, dont l'état empirait de moments en moments, me déchiraient le coeur. Je ne doutais pas qu'il ne mourût, et je sentais que j'avais mérité cet affreux châtiment[17]. Il languit trois jours et trois nuits, et expira enfin dans mes bras. Je ne l'avais pas quitté un instant pendant tout ce temps-là. Je n'avais

---

17 L'héroïne de *La Chartreuse de Parme* a le même sentiment de culpabilité: 'Clélia prétendait qu'il ne fallait pas tenter Dieu; que ce fils si chéri était le fruit d'un crime, et que, si encore on irritait la colère céleste, Dieu ne manquerait pas de le retirer à lui' (p. 506).

pris aucune nourriture qu'un peu de vin, que mon mari m'avait forcée à
avaler. A l'instant où mon enfant mourut, je levai les yeux vers le ciel et la
figure de Julio m'apparut encore. Il était debout près de moi, et regardait
mon enfant avec une pitié sombre. Je m'évanouis de douleur et de crainte.
Une fièvre violente succéda à ces premières agitations. J'ai su depuis que
mon mari avait paru surpris et chagrin, de ce que le nom de Julio
m'échappait si souvent pendant mon délire.

Ma maladie fut de longue durée. Ma jeunesse et une constitution
vigoureuse me firent reprendre le dessus. Dès que je pus être transportée,
on recommanda de me faire changer de demeure. Je détestais le palais que
nous habitions. Le duc entra dans ma faiblesse, et le vendit pour en acheter
un autre. Il espérait que le changement de lieu donnerait un autre cours à
mes idées, et apporterait quelque soulagement à ma douleur; mais je
continuais à pleurer nuit et jour l'enfant que j'avais en quelque sorte tué de
ma main.

Fernando me mena à Parme, où les tendres soins de l'amitié de mon
frère me rendirent un peu de sérénité. Je m'infligeais en secret de sévères
pénitences, et je visitai à plusieurs reprises la tombe de Julio. Je croyais que
ces visites nocturnes étaient ignorées de mon mari; mais j'appris ensuite
qu'il en avait été instruit par un moine qui avait été blessé de ce que je
l'avais refusé pour mon confesseur. Fernando devint sombre, mécontent. Il
me dit quelques mots qui montraient qu'il me soupçonnait d'avoir
véritablement aimé Julio, et il me reprocha ensuite de lui avoir parlé avec si
peu de franchise de mes sentiments pour le marquis. Je fus plusieurs fois
sur le point de lui tout avouer; mais, dans la crainte qu'il ne me prît en
horreur, et ne s'éloignât de moi, toute malheureuse que j'étais, je préférai
cet état à la certitude d'être méprisée et détestée de mon mari.

Huit mois s'étaient écoulés depuis la perte de mon enfant. Le temps
avait eu sur moi l'effet qu'il a toujours pour affaiblir les impressions.
Fernando paraissait avoir oublié ses dispositions jalouses. Mon frère devait
venir passer le carnaval avec nous à Venise. Fernando alla à sa rencontre, à
quelques lieues de la ville. Mes domestiques vinrent m'avertir que la
gondole approchait. J'allai sur mon balcon pour les voir venir. Ils étaient
trois dans la gondole, enveloppés dans leurs manteaux, en sorte que je ne
pouvais pas distinguer mon frère et Fernando. J'allai m'établir dans le salon
pour les recevoir; et quand je les entendis sur l'escalier, je sortis à leur
rencontre. Un inconnu les précédait. Un grand manteau noir cachait ses
traits. Il le déploya tout-à-coup, je vis la figure menaçante de Julio. Par une
sorte de courage que je ne comprends pas à présent, je m'avançai vers lui.
A mesure que je marchais, le spectre s'éloignait devant moi, et me faisait
des gestes menaçants. Enfin je me sentis évanouir de terreur et de détresse.
Quand je revins à moi, je vis que l'impression de mon accident avait été
très profonde sur mon mari et sur mon frère. Je fus longtemps à me

remettre. Mes nerfs étaient fortement ébranlés. Au moindre bruit, je tremblais et je pâlissais de crainte. Je repoussais quelquefois les caresses de Fernando, sans pouvoir me rendre raison de l'effroi que j'éprouvais. Il recommença à se plaindre de mon indifférence, je le tourmentai de ce qu'il appelait mes caprices. Il imagina de me distraire en me menant à Parme. Mon frère me reçut avec sa tendresse accoutumée, et fit ce qu'il put pour obtenir de moi l'aveu de la cause de ma conduite extraordinaire. Il m'apprit que Fernando m'avait entendu plusieurs fois appeler Julio pendant mon sommeil, et que je me réjouissais de me réunir à lui dans le tombeau. Je persistai dans le système de dissimulation auquel je me voyais forcée. Je dis que mes nerfs étant fort ébranlés par les évanouissements auxquels j'étais devenue sujette, il n'était pas étonnant que je fisse d'étranges rêves, et que je parlasse pendant mon sommeil. Il parut persuadé; il en parla à Fernando dans le même sens, et celui-ci se montra plus tranquille. Mon frère, voyant que le séjour de Parme me convenait mieux que celui de Venise, me pressa d'y passer le Carnaval, et nous destina une partie de son palais. Il y avait bientôt quatre ans que j'avais épousé Fernando. Mon frère voulut marquer l'anniversaire de notre mariage par une grande fête. Il y réunit toute la noblesse de la ville et des environs. J'étais la Reine de cette fête; tous les regards se réunissaient sur moi. J'étais l'objet de l'admiration et des hommages. Ma vanité fut flattée, et je me laissai aller au plaisir de la danse et de la conversation comme si j'eusse été en paix avec moi-même. Après un souper somptueux qui interrompit le bal, nous allions reprendre la danse, et j'étais prête à me lever, lorsque, jetant les yeux vis-à-vis de moi, je vis le spectre de Julio assis à table, la tête appuyée sur ses deux mains, et me fixant d'un air à la fois mélancolique et terrible. Il était pâle comme la mort, et ses cheveux tombaient en désordre sur son front : son immobilité parfaite, et son expression sévère formaient un horrible contraste avec le mouvement, le bruit et la joie dont il était entouré. Mes yeux étaient comme fascinés; je ne pouvais les détourner de cette épouvantable figure. Une sueur froide coulait de mon front; et je tremblais de tous mes membres. Enfin je me sentis défaillir. Lorsque je revins à moi, j'étais dans mon appartement, Fernando et mon frère étaient auprès de moi. Je cherchai à les persuader que c'était la danse qui m'avait fatiguée, et ils parurent le croire.

De ce moment-là, les apparitions de Julio devinrent plus fréquentes. Ma santé dépérit à vue d'oeil. Mon humeur changea : je devins distraite, chagrine et capricieuse. Rien ne m'intéressait, rien ne m'amusait. Je ne me donnais plus la peine de cacher mes impressions. Je commençai à réfléchir sérieusement à un parti qui s'était offert plusieurs fois à ma pensée. J'avais perdu mon unique enfant, et je n'en avais point eu d'autres. J'étais menacée de perdre l'affection du seul homme que j'eusse jamais aimé. Les retours, de plus en plus fréquents, de l'ombre irritée qui me persécutait ne me laissaient plus espérer aucune tranquillité dans ce monde. Je sentis que la seule expiation en mon pouvoir était de me retirer dans un couvent, et d'y consacrer mes jours à la pénitence et à la prière.

Une fois bien déterminée, je résolus de me confier au père Bénédict. Je pris pour cela un moment où mon mari et mon frère s'absentaient de Parme pour quelques jours. J'écrivis au père Bénédict, je lui dis que j'avais quelque chose de très important à lui communiquer; et je le priais de se trouver à minuit dans la chapelle où était le tombeau du marquis de Lucques. J'attendis avec impatience le moment du rendez-vous. Couverte d'un voile noir, je m'y rendis seule par un escalier dérobé dont j'avais la clef. Une lampe brûlait sur l'autel, et éclairait faiblement la chapelle. Le respectable moine m'attendait. La sainteté, la bienveillance et la compassion étaient sur son visage, et dans ses paroles. 'Mon cher enfant, me dit-il, quel est donc le sujet qui nous réunit dans ce lieu secret, à l'heure du repos? Depuis longtemps vous êtes pâle et souffrante. Avez-vous quelques chagrins à me confier, quelques conseils à obtenir de mon amitié?'

'Digne et respectable père, lui dis-je, je ne suis point une innocente créature, comme vous le pensez: je viens à vous, chargée d'un horrible forfait.' - Le père fit un pas en arrière avec un air d'effroi, il me dit: 'Votre esprit est-il frappé, ma fille? Que parlez-vous de forfaits? Je vous connais innocente et pure comme les anges.'

Je me jetai à genoux devant lui, en joignant les mains, et je m'écriai: 'C'est moi qui ai tué l'époux renfermé dans cette tombe, et son esprit irrité me poursuit dans l'ombre des nuits, et jusqu'au milieu des fêtes!' Mes gémissements et mes larmes suivirent cet aveu et je me prosternai contre terre. Le père Bénédict fut si frappé et si ému, qu'il s'appuya contre le tombeau pour soutenir ses genoux tremblants. Des larmes coulaient de ses yeux, et il s'écriait en regardant le ciel: 'Est-il bien possible!'

Je passai deux heures à lui faire le détail de toutes les circonstances qui avaient précédé et accompagné mon attentat, et à lui développer mon projet de retraite. Une mère ne saurait avoir pour son enfant chéri une plus indulgente tendresse que le respectable moine ne m'en témoigna. Il approuva ma résolution, il confirma en moi les sentiments d'une véritable repentance, et me donna rendez-vous au même lieu à la nuit suivante, pour m'indiquer la retraite qu'il m'aurait choisie.

Rentrée chez moi, je me trouvai soulagée de la confession que j'avais faite, et du parti que j'avais pris. Je passai ma journée à régler mes intérêts temporels, et à écrire des lettres. Je retrouvai le père Bénédict le soir, dans la chapelle. Il me conseilla le couvent de Sainte Marie près de Naples, pour le lieu de ma retraite. Il me dit qu'il connaissait l'abbesse et que, comme son intention était de se dévouer à moi, en reconnaissance des bienfaits de ma mère, il s'établirait dans un couvent de moines, qui était voisin de celui de Sainte Marie, et dirigerait ma conscience. Il ajouta que son intention était de faire un voyage à Rome, pour obtenir la dissolution de mon mariage, parce que, tant que le duc aurait le droit de me réclamer, il ne consentirait point à ma retraite. Ce fut là le coup le plus sensible pour mon coeur. Je me jetai contre terre avec désespoir, et je m'écriai, 'Non! Non! ceci passe mon courage! Je ne me sens pas la force d'abandonner à une autre mes droits sur Fernando!'

'Eh quoi!' interrompit le moine d'un ton sévère, 'est-ce donc là votre repentance? Espérez-vous être pardonnée, tant que vous tenez à cet objet qui a été la cause de votre crime?[18] Prenez garde, Eléonore! Vous pouvez tromper le monde, mais vous ne pouvez pas tromper celui qui sonde les coeurs.' Je fus frappée des paroles et de l'accent du père Bénédict. Jamais je ne l'avais vu en colère avant ce moment-là. J'implorais sa pitié, lorsque mes regards tombèrent sur le spectre de Julio, qui m'apparut debout, et appuyé sur le tombeau. Je me levai, en criant: 'Le voilà! sauvez-moi, mon père! sauvez-moi!' Je m'attachai fortement à lui, en disant ces mots. Il regardait du côté où mes yeux étaient attachés, et il ne voyait rien. Il prit la lampe, en me soutenant, et me conduisit dans une chambre attenante à la chapelle où il avait toujours un cordial destiné aux pauvres.

Lorsque je fus un peu remise, nous convînmes ensemble de ce qu'il y avait à faire. Je me soumis à la mesure proposée, et consentis à la dissolution de mon mariage. Il fut entendu que nous partirions la nuit suivante pour Naples, et que je laisserais des lettres pour Fernando et pour mon frère.

Lorsque je fus rentrée dans mon appartement, je passai la nuit dans une horrible agitation. Je ne devais plus revoir Fernando. Qu'allait-il penser de moi? Comment avais-je payé sa plus tendre affection, le dévouement le plus entier et le plus délicat qu'un mari pût avoir? Trois fois je me crus décidée à lui tout dire, et trois fois ma main tremblante refusa de tracer les lignes qui m'accuseraient. Le jour me surprit dans cet affreux état de trouble et d'irrésolution. Le temps me pressait pour les préparatifs de ma fuite. J'envoyai au moine une cassette de diamants, et j'employai presque toute ma journée à écrire et déchirer des lettres d'adieu. Enfin, quand la nuit approcha, je sentis que je me repentais de la résolution que j'avais prise. J'aurais voulu avoir enseveli dans mon sein mon affreux secret. Je ne sentais plus que le malheur de quitter Fernando. Mais il était trop tard. J'avais confié le mystère, et je ne pouvais plus reculer. Le père Bénédict, qui soupçonna mon irrésolution, vint me chercher dès qu'il fut nuit. Il m'aida à m'envelopper d'un manteau noir. Je plaçai les deux lettres sur la table, et m'appuyant sur le bras de mon guide, je m'acheminai d'un pas tremblant, à la voiture que le moine avait fait préparer et dans laquelle nous

---

18 C'est à cause de la religion que Clélia aussi renonce à voir l'homme qu'elle aime.

partîmes pour Naples. Il s'était pourvu d'une potion soporifique, dont il me donnait de temps en temps, comme un cordial, et qui me fit passer presque toute la route dans un état d'assoupissement.

Lorsque nous approchâmes de Naples, le père me traça la conduite que j'avais à tenir. Il me défendit de laisser soupçonner à personne dans la communauté la véritable cause de ma résolution, et il se chargea de faire comprendre que j'étais liée par un serment à ne révéler mon secret qu'à lui.

Nous arrivâmes au couvent de Sainte Marie à la nuit tombante. On sonnait la cloche de vêpres. Le son de cette cloche, l'aspect de ces murs sombres dans lesquels j'allais m'enfermer, me serrèrent le coeur, au point que je crus m'évanouir. J'eus beaucoup de peine à descendre de voiture, avec le secours du bon moine, qui avait frappé à la grande porte. Une religieuse nous reçut et nous fit traverser en silence des cours et des passages obscurs. Lorsque nous fûmes dans le parloir, les religieuses se rassemblèrent autour de nous avec la curiosité naturelle à des êtres séquestrés du monde. Le père m'engagea à aller à vêpres, en m'annonçant que je verrais ensuite l'abbesse dans son appartement. Il avait eu soin de faire préparer ma réception depuis quelques jours. J'assistai à vêpres. Je priai Dieu avec ferveur d'accepter le sacrifice de moi-même, et lorsqu'après avoir été prosternée au pied de l'autel, je me relevai pour suivre les religieuses, la figure de Julio m'apparut. Il n'était pas sévère et menaçant, comme je l'avais vu jusqu'alors: il semblait prendre pitié de moi, approuver et encourager ma résolution. Affaiblie comme je l'étais, je ne pus cependant supporter sa vue, et je m'évanouis. Le père, qui en comprit la raison, dit aux soeurs que j'étais sujette à des évanouissements, et il leur indiqua les soins dont j'avais besoin dans ces moments-là.

Je fus accueillie de l'abbesse avec beaucoup de bonté, et les religieuses s'empressèrent de me montrer des attentions; mais ce fut là un bien faible adoucissement aux cruelles réflexions dont je fus obsédée, lorsque le moine fut parti pour aller solliciter à Rome la dissolution de mon mariage. Accoutumée à la vie du grand monde, à toutes les recherches de l'opulence, à toutes les douceurs d'une société intime et choisie, je me voyais tout-à-coup renfermée, et pour ma vie entière, dans une sombre prison, séparée à jamais de tout ce qui était cher à mon coeur, entourée de personnes qui m'étaient étrangères et avec lesquelles je ne pouvais avoir en commun aucune idée ni aucun sentiment. Ah! que les jours et les nuits s'écoulèrent avec lenteur pendant les premiers temps de mon séjour au couvent! Je ne sais quel sentiment, qui ressemblait encore à l'espérance, se retrouvait au fond de mon coeur, tant que l'absence du père Bénédict me laissait en doute si les noeuds qui m'unissaient à Fernando étaient irrévocablement rompus. Quand on vint m'avertir que le moine m'attendait au parloir, je sentis mon coeur se glacer et j'eus à peine assez de force pour me traîner vers le saint homme, aux pieds duquel je me jetai, en ne m'exprimant que par des sanglots.

'Mon enfant, me dit-il en me relevant, j'espérais que votre séjour en ce lieu vous inspirerait plus de résignation à la volonté de celui qui ne punit que pour sauver. Vous êtes libre, ma fille. Vous pouvez prendre le voile immédiatement, et vous le devez; car, tant que vous n'aurez pas rendu impossible l'effet des réclamations de Fernando, vous y serez exposée.'

Je n'osais ni répondre ni murmurer. Je me soumis. Je tombai dans une douleur stupide, et je laissai fixer un jour prochain pour la cérémonie de mes voeux. J'enrichis la communauté par le don de mes diamants; et ce jour redoutable étant enfin arrivé, la chapelle fut préparée pour la cérémonie. Le père Bénédict m'assista dans ce moment d'épreuve. Je fus conduite à l'autel. Mes beaux cheveux furent coupés; je fus revêtue de l'habit de religieuse; le service se fit, et mon sort fut décidé.

Comme je quittais la chapelle, je fus appelée au parloir. Un messager attendait, et ne voulait parler qu'à moi. Je m'avançai vers la grille. Mon cher Fernando et mon frère y étaient l'un et l'autre. Je perdis connaissance en les voyant. La soeur qui me soutenait fut obligée de lever mon voile. Une scène de pleurs et d'inutiles gémissements succéda. Fernando me supplia de lui expliquer seulement pour quelle raison j'abandonnais un époux dont la seule étude et le seul désir étaient de me rendre heureuse. A demi morte de douleur, je le suppliai, ainsi que mon frère, d'avoir pitié de mes souffrances et d'être convaincus que je ne regrettais qu'eux dans l'univers. Je les conjurai de me regarder comme appartenant à un autre monde, je leur représentai que j'avais déjà passé les portes qui séparent la vie de l'éternité.

J'entends encore les cris de douleur et les gémissements de Fernando à cette dernière expression, qui ne lui laissait pas même l'espérance d'être regretté. On fut obligé de m'emporter comme mourante et on eut beaucoup de peine à arracher Fernando de la grille, à laquelle il s'attachait dans le délire de la douleur. Je ne l'ai pas revu depuis ce moment là, mais mon frère est venu souvent me visiter dans ma retraite et a réussi à me faire élire abbesse au couvent, à la mort de celle qui gouvernait la communauté avant moi. Je me suis attachée sans relâche pendant quatorze années à effacer mon péché par la pénitence et les larmes. J'ai vaincu le désir de retourner au monde, à force de jeûnes et de prières. J'ai porté le silice; j'ai couché sur un lit d'épines; et souvent, dans le silence des nuits, prosternée aux pieds de l'autel, j'ai déchiré mon corps par de sévères disciplines, en expiation de mon attentat. Les mânes irrités de Julio ne m'ont point laissée en paix dans ce séjour de la repentance; mais il m'est apparu moins terrible à mesure que la religion a mieux réglé mes pensées et mes voeux. La nuit dernière, je l'ai vu en songe. Il tenait dans ses bras mon enfant, et souriait en fixant ses regards sur lui. Il me regarda ensuite. Il montra le ciel, et disparut. Je me réveillai dans un tremblement universel, et couverte d'une sueur froide. J'invoquai son pardon, et il me semblait que sa voix me répondait: 'Meurs, infortunée, et retrouve la paix!'

'Je sens que mon heure est venue. Adieu, ma Caroline. Ne haïssez pas ma mémoire; et puisse mon exemple être un avertissement pour vous défier de votre propre coeur!'

La nuit était fort avancée, lorsque Caroline acheva la lecture de ce manuscrit. Elle avait été vivement affectée et le sentiment d'une tendre pitié pour sa malheureuse amie dominait toutes ses autres impressions. 'Puissiez-vous, ô infortunée!' s'écria-t-elle en les mains et, levant ses regards vers le ciel, 'obtenir miséricorde devant le Dieu des compassions! Vous m'instruisez encore depuis votre tombeau! Qui peut se vanter de réunir autant de qualités et de vertus? Quel exemple pour démontrer que les forces humaines sont insuffisantes au milieu des orages des passions! O Dieu de sainteté, apprends-moi à ne me fier qu'à ta loi, à ton secours, et que ton esprit de sagesse soit le guide de toutes mes actions!' Ainsi pria l'innocente Caroline, et pendant son sommeil, l'image d'Eléonore, l'aspect du couvent, des émotions tendres et de vagues terreurs la poursuivirent. Elle se leva de meilleure heure qu'à l'ordinaire, et porta à sa mère le manuscrit, qu'elle lui remit en pleurant. Elle ne pouvait pas prendre sur elle d'en faire un seconde lecture. Mr. Howard et lady Gertrude en furent presque aussi émus que leur fille, mais avec leur prudence et leur délicatesse ordinaires, ils résolurent de garder un silence profond sur l'histoire de l'abbesse. Ils sentaient que ceux qui n'avaient pas connu personnellement cette femme malheureuse seraient révoltés de sa conduite, sans s'intéresser à son sort, et que d'ailleurs la publicité donnée à son crime, pourrait compromettre le bonheur de quelques personnes encore vivantes. Caroline se sentait le besoin de chérir encore la mémoire de sa protectrice: elle applaudit à une résolution qui assurait le secret d'un attentat qu'elle aurait voulu pouvoir oublier.

TABLE DES MATIERES

HISTOIRE D'ELEONORE DE PARME

TEXTES LITTERAIRES

Titres déjà parus

Textes Littéraires